金诗100首

家庭共读本　少儿枕边书

让孩子熟读这100首诗吧
他一生都会走正道！

顾问

鄢烈山　许晓明

策划

何　伟　严　宏　范洪涛

主编

朱建斌　余英杰　刘继成

武汉出版社

WUHAN PUBLISHING HOUSE

走向高贵 金诗奠基

——出版者说

你是谁，
一百年后读着我诗篇的读者？
我无法用这春光送你一朵花，
也无法让那云彩赠你一道金。
然而，开启你的心灵之门，
放眼人生吧：
在鲜花盛开的田野你会采集到
一百年前的芬芳与崇高！

这是诗圣泰戈尔当年的喃喃自语，料想也是所有“金诗”的绵绵心意。

何谓“金诗”？《金诗 100 首》为何列入选题创新书目？其百年阅读价值的现实功能是什么？

刘继成先生说：“金诗”是指古今中外志士仁人留下的，价值如同黄金般珍贵，特别适合滋养孩子高贵心灵的优美诗篇。

范洪涛先生说：梦想生发于孩提时代，正气来源于少年滋养，核心价值观需要鲜活的载体。

朱建斌先生说：诗词结晶真善美，最易融入少年心。中小学时期课业繁重，临睡前翻阅一首好诗好词，既安神助眠，又养心养志。

对三位选家之说，我们也想补充一点“出版者说”。

首先，我们很青睐选家的别出心裁。在古今中外的范围内，不分自由新体和律韵旧体，按照一种核心价值来选录集合；这种选法，不仅是《金诗100首》独树一帜的基础，也是继卓尔书店“诗歌之城”创意后，当代武汉人繁荣诗教的又一个贡献。

其次，我们很敬佩选家的独具慧眼，他们从百名中小学校长推荐的万首佳作中，精选出《金诗100首》。为体现知识的互补性和选家的独到性，凡已入选中小学语文课本、广为人知的诗篇，不再选入。要在历年课本之外的诗歌海洋中，重新精选一批仁义值千金，韵律动心弦，浅显有情趣的黄金诗篇，无疑是一项大海捞针似的繁重劳动。因而，盼尚未联系上的作品入选者，尽快与编者联系领取稿酬、样书。

诗歌重在朗朗上口，对孩子们来说，意义的理解需要漫长的过程。以《唐诗三百首》为例，许多诗或许成年时才能理解，但心灵高贵的诗情画意，却在幼年的诵读中深深奠基。在此，我们要对《金诗100首》的出版，作四点说明：

一、本书50%的诗歌来自革命烈士和革命元勋。这些作品蕴含的浩然正气，有利于孩子们精神补钙。“金诗100首”中至少蕴含着300位志士仁人形象，个个都是能读书、会读书、爱读书，他们的才华和魅力，必将引领孩子们走正道，求正果。

二、本书既是诗歌选本，也是诗史诗话。注释上，采用古人的文学串讲诗话形式：既根据孩子特点深入浅出，又从培养兴趣入手，链接相关文史知识、湖北旅游人文题材。其知识点和信息量，即使饱学之士亦可从中获益。为了便于孩子们阅读，选家对几篇作品的标题，按照诗意原旨作了简化代拟，并将以前版本标题作了注明。选本的生命力，就在于选家之法、选家之见和选家之功。

三、孩子跨进小学门槛，就迈进了知识的海洋。只有心灵高贵，才会志存高远，亲亲仁仁。培养高贵心灵，当然首推诗教。用诗歌教化心灵，让孩子成才成人，是中华文化的千年经验，也是当代教育界的共同呼声。

四、本书是武汉出版社和武汉晚报社，为创新读书活动，开发“枕边助眠随手翻”这种补充型阅读方式的一个探索。我们将以“全面推进武汉读书之城建设”为宗旨，在中共武汉市委宣传部、武汉市委党史研究室、武汉市精神文明办、武汉市教育局的指导下，邀请武汉小学、武汉中学、武汉学院、江汉大学、武汉广场、武汉电视台、长江网、武汉图书馆、武汉卓尔书店、武汉钢铁公司十家“最武汉”代表品牌，联合举办“精神补钙，诗词呵护中小学生”大型公益活动——每年暑假“金诗书法大赛”后，携手爱心企业“开学送金诗”，并由武汉出版社、武汉晚报社联名向百名优秀中、小学校长，颁发“金诗特约评论员”聘书，《武汉晚报》开设专栏刊发评论。

我们相信：《金诗100首》有魅力和广大家长一道，陪伴孩子们读完小学、中学，走向高考，走进大学，乃至读研读博，成为终生的知心朋友。

让孩子熟读这100首吧，

他一生都会走正道！

武汉出版社

二〇一五年九月

代序

亲近诗词经典

一个希望自己高贵的人，应该经常诵读诗词，诵读那些经典和杰作。在优美的境界中慢慢地远离俗气，优雅的心情和感动也就同时开始滋生；还有很多智慧和见解，是你在其他文学体裁中，难以接触的。慢慢的，这诵读使你有了格调，有了不平凡的心灵。

其实，谁不知道，十有八九，你是不会成为一个诗人的，而可能会是医生，教师，工程师，乃至建筑师……可是，诵读诗歌，怎么就是为了要成为诗人，成为一个写诗的人呢？诗歌是抚慰所有人的灵魂的，如果真有一种叫做“灵魂”的东西的话。诗歌是这样的一盏灯，只要你亲近过她，那么不管你是在怎样的境遇里，每天从事怎样的职业和劳动，它都会无声无息地照亮你，使你也可能在平凡的生活中闪闪发光，人们经过你的身边，就会为你所吸引。

谁会不想要这样的一盏灯呢？

诗歌是很丰富的，各种各样。但是它又的确有优秀和平庸之别。我们哪怕可以活上三百岁，有很充裕的时间，还是有理由只阅读优秀的，而拒绝平庸的。一代一代年长的人，总是劝说年轻人“阅读经典”。这是他们的前人告诉他们的，他们也有了深切的体会，所以再来告诉他们的后代。

这是人类的生命关怀！

美国诗人惠特曼在一首诗中说：

有一个孩子每天向前走去，

他看见最初的东西，

他就变成那东西，

那东西就变成他生命的一部分……

的确，如果你最初看见的是紫丁香，你就会带有紫丁香的芬芳，如果是杂乱的野草，那么它也会成为你的一部分。

我们都想看见自己的下一代，看见一个个孩子，一步步走进经典里去，走进高贵。就像英国作家斯蒂文生写的那个李利一样，每天快要天黑的时候，他就拿着提灯和梯子走过来，在每一家的门口，把街灯点亮。我们也想当一个点灯的人，让你们在光亮中，可以看得见一首首优秀的诗篇，夜晚可以梦见里面的故事，白天也常常回味其中的美丽。这样，你们一天天地向前走去，长大了，很有知识，很有技能，很有个性，善良而富有诗意……

同样是长大，那会多么不一样！

此文为编者十年前写给女儿的劝学信，女儿已于2014年考入华中师范大学中文系。

目录

童心梦想 艺术人生

书香哲理 朴诚勇毅

亲近自然 勤俭幽默

家国情怀 琴心剑胆

忧患使命 孝悌仁爱

亲师重友　惜时惜情

刻苦读书 锻炼成长

金诗一百首

童心梦想　艺术人生

——没有童心，便没有真诚；

没有梦想，便没有方向。

一诗一世界，生活就是艺术。

繁星（节选）

冰心

繁星闪烁着——
　深蓝的太空，
　何曾听得见他们对语？
沉默中，
　微光里，
　　他们深深的互相颂赞了。

（《繁星》之一）

童年呵！
是梦中的真，
　　是真中的梦，
　是回忆时含泪的微笑。

（《繁星》之二）

梦儿是最瞒不过的呵，
清清楚楚的，
　诚诚实实的，
　　告诉了
你自己灵魂里的密意和隐忧。

（《繁星》之九）

人类呵！
相爱罢，
　我们都是长行的旅客，
　　向着同一的归宿。

（《繁星》之一二）

我们都是自然的婴儿，
　卧在宇宙的摇篮里。

（《繁星》之一四）

零碎的诗句，
　是学海中的一点浪花吧
然而他们是光明闪烁的
　繁星般嵌在心灵的天空里

（《繁星》之四九）

【选家诗话】

冰心，原名谢婉莹，1900 年出生于福州。母亲是医生，父亲负责筹办清末烟台海军学校，冰心随父在烟台生活 8 年，1914 年冰心考入北京贝满女中，1918 年考入协和女子大学理科，立志成为医生。

1919 年，18 岁的谢婉莹在《北京晨报》发表了抨击卖国政府审判“五四运动”学生领袖的散文《二十一日听审的感想》。随后便以“冰心”为笔名，传播爱心、抨击黑暗。164 首小诗陆续发表后，反响强烈，以《繁星》《春水》为书名由商务印书馆和新潮社出版。郑振铎认为，除了泰戈尔以外，冰心还受到了古典诗词上绝句、小令的影响。周作人翻译的日本短歌俳句，对冰心的影响也很大。有趣的是，五四新文学的三大文豪：鲁迅、郭沫若、冰心，都是哀人生多疾而立志学医，但最后却转到文学领域，把减轻人的精神痛苦作为首要之举。

《繁星》和《春水》是冰心对“五四”新文学运动的重大贡献。与冰心同时成名的女作家还有祖籍湖南衡山的陈衡哲，她 1890 年生于江苏省武进县一个书香门第，1914 年，考入清华大学留美班，在芝加哥大学攻读硕士学位。1920 年受聘北京大学西洋史教授，成为中国历史上第一位女硕士、女教授。1917 年，发表白话文短篇小说《一日》，生动地反映了美国女子大学生的生活。其后，她以“莎菲”为笔名在《新青年》《小说月报》上发表作品。她认为：世上的人都说“命”，人们对“命”有三种态度。一种是“安命”；第二种是“怨命”；第三种态度是“造命”。奋斗不止，给自己造命。她 34 岁写下奇文《运河与扬子江》，通过安分守命的运河和奋斗造命的扬子江表现两种人生观的对立和交锋。1920 年陈衡哲与参加过同盟会、辛亥革命的留美大科学家任鸿隽订婚，并向任赠诗两首：

月

初月曳轻云，笑隐晓雾里。
风过欲相随，却映清涟漪。

风

夜闻雨敲窗，起视月如水。
万叶正乱飞，鸣飙落松蕊。

任随即将诗转示胡适，胡读后大惊说：“这第一首我们用点气力尚能为之；这第二首诗，吾辈实难写出。”任鸿隽是《科学》月刊的创立人，1937 年出任国立四川大学校长，1961 年在上海逝世。陈衡哲逝世于 1976 年。她育有两女一子，长女以都，系哈佛大学博士，在美国大学任教；三子以安获美国地理学博士，也任教美国；次女以书毕业于美国瓦沙女子大学，回国照顾双亲，任教于上海外国语学院。一家两代五教授，堪称书香满门。

明天

余祖胜

我伏在窗前，
让黑夜快点过去。
希望的梦呵——
总是做不完。
黑夜里总是有星光，
太阳不会让明天躲藏。
明天，
是个幸福的日子，
明天，
是我的希望！

【选家诗话】

余祖胜，革命烈士。13岁入重庆兵工厂做童工，同时进夜校补习。19岁以“苍扉”笔名在《新华日报》上发表《丐童》一诗，随后，创作大量诗歌揭露社会黑暗。1947年，与几位进步青年组成“读书会”，同年5月加入中国共产党。一年后，因叛徒出卖被捕，囚于国民党军统渣滓洞监狱。1949年11月，与200多名难友一道遭集体屠杀。

此诗是作者关押在阴暗潮湿的黑牢里，长夜难眠，憧憬明天而作。虽然全诗浅显如话，但因发自肺腑，深含着正义、坚贞、信念、爱心和热情，有一种内在音乐节奏和旋律，因而使人深受感动和感染。因而使“明天”这个普通词汇，上升为蕴含光明与黑暗，幸福与人生，心心相通的美学范畴，影响了几代人。40年后，一代诗才海子正是受《明天》的灵感启示和美学传承，创作了那首最脍炙人口、最打动人心的成名诗作《面朝大海，春暖花开》：

从明天起，做一个幸福的人
喂马、劈柴，周游世界
从明天起，关心粮食和蔬菜
我有一所房子，面朝大海，春暖花开
从明天起，和每一个亲人通信
告诉他们我的幸福
那幸福的闪电告诉我的
我将告诉每一个人
给每一条河每一座山取一个温暖的名字
陌生人，我也为你祝福
愿你有一个灿烂的前程
愿你有情人终成眷属
愿你在尘世获得幸福
我只愿面朝大海，春暖花开

憧憬

[英国] 佩欣斯·斯特朗

得有个目标去不断追寻，
让希望始终燃起光明；
人生总得向往着什么，
心，怎经得起失去憧憬。
要方向明确头脑清醒，
不能随波逐流人云亦云；
一旦陷入黑暗和困境，
要坚定信念摸索前行。
虽然岁月匆匆、人生苦短，
追求和奉献脚步莫停；
让你的人生晴空万里吧，
梦想正如天使般轻盈。

（方铁 译）

【选家诗话】

佩欣斯·斯特朗，当代英国诗人，著有《寻找安慰》，《给生活以时间》等诗集。他的诗歌有现实、乐观、积极向上的特点。

人生（节选）

[德国] 马克思

瞬息云烟，
为时多么短暂，
被时光带走的一切哟，
永远不再回还。

对你从事的事业，
魔鬼可能在一旁讪笑，
千百万人拼命争夺，
也许是无谓的辛劳。

心乱气恼，
是一切祸患的根苗，
惊慌烦忧，
意味幸福已经遁逃。

无聊的目标，
也可能被人苦苦追求，
转眼即逝的人生，
正是一次激情的战斗。

心胸狭窄的人，
往往自命伟大不凡，
这种人的命运啊，
只会是自怨自惭。

（方铁 译）

【选家诗话】

卡尔·海因里希·马克思（1818—1883），出生于德国一个犹太人家庭，马克思主义的创始人，伟大的政治家、哲学家、经济学家。毕生研究如何避开私有制这个万恶之源，实现穷人的解放和自由。主要著作有《资本论》《共产党宣言》。

此诗为马克思15岁时所作。诗人透过历史的云烟，看透了那些为了“无聊的目标”而拼命争夺，自命不凡或自怨自惭的各式人物，并投以辛辣的嘲笑。他确信，转眼即逝的人生，乃是一次激情的战斗；而战斗，必须有伟大的理想相伴随。正如他在中学毕业论文中所言：

假如我们选择了
最有利人类的劳动职业，
就不会为它的重负所压倒。
也许我们并不声名显赫，
但我们的事业将基业长青。
路过我们墓前时，
高尚的人们将流下热泪。

（方铁 译）

壮志

宋铁岩

男儿壮志拓八荒，
焉能燕雀守栋梁？
揭地掀天为事业，
翻江倒海写文章。

【选家诗话】

宋铁岩，吉林永吉县人，1931 年考入北平中国大学加入中国共产党。后被派往东北抗联第一路军任政治部主任，成为总指挥兼政委杨靖宇的得力助手。1937 年在指挥部队突围时中弹牺牲，时年 27 岁。

八荒，指男儿要有志开拓更大的空间；不能像小鸟终日厮守梁上鸟巢。本诗乃宋铁岩中学时代所作，表达了改造旧社会的高远志向。

古承铄

假如

假如山崩地裂

假如天要垮下

假如一动就会死

假如有血才有花……

只要能打开牢笼

让自由吹满天下

我将勇敢向前

毫不惧怕

宣誓

在战斗的年代，

我宣誓——

不怕风暴，

不怕骤雨的袭击！

一阵火，一阵雷，
一阵狂风，一阵呼号
炙热着我的心；
脑际胀满了温暖与激情。

我宣誓——
爱那些穷苦的、
流浪的、无家可归的、
衣单被薄的人民；
恨那些贪馋的、
骄横的、压榨人民的、
杀戮真理的强盗。

我宣誓——
我是真理的信徒，
我是正义的战士，
我要永远永远
为人类的自由幸福而战！

【选家诗话】

古承铄，著名红岩烈士，被誉为“人民的歌手”。1920 年生于重庆市贫民家庭，初中未毕业，便在女子学院当杂役，坚持自学。1942 年考入重庆师范音乐科，1946 年到重庆南坪小学一边教书一边创作音乐，许多词曲广为流传。1948 年被捕，关押在“中美合作所”重庆渣滓洞监狱。被严刑拷打后，他在牢房墙壁上写道：“我宣誓——我是真理的信徒，我是正义的战士，我要永远永远，为人类的幸福而战！”1949 年 11 月 27 日，国民党军统将古承铄与数百名中共地下党人，集体屠杀于渣滓洞监狱。

咏竹

[东汉]关羽

不谢东君意，
丹青独立名；
莫嫌孤叶淡，
终久不凋零。

【选家诗话】

竹子有节，柔中有刚，中间空心，象征虚心。虽植根于贫壤山石却四季长青，其淡泊名利，不畏酷暑严寒，坚强不屈，伐后可复生，君子风度高而直。古代文献中有关羽画竹的记载，相传他是我国最早善于画竹的人。

关羽，字云长，(162—220)，河东解良(今山西运城)人。关羽乃三国时蜀汉名将，相貌俊伟，丹凤眼、美髯飘飘、面如重枣。早年他跟随刘备辗转各方，持一把青龙偃月刀，于白马坡斩杀袁绍大将颜良，与张飞同被称为万人敌。

关羽的重友情、重然诺，是中国江湖义气文化的主要源头。东汉末年，他与张飞、刘备三人情同手足，不料军事割据被曹操击败，三人失散，为保全大哥刘备的家小，关羽假降曹操。曹则千方百计拉拢关羽，“封汉寿亭侯，三日一小宴，五日一大宴，上马赠金，下马送银”。鲁迅的“破椅子论”，灵感来源于革命党人王金发对秋瑾案的态度转变，他发现了人们总是做屁股（座椅）决定脑袋的荒唐事儿，但关羽却冲破了此限。史家考证，关羽此诗，即为客寓曹操门下受恩匪浅时所作。“东君”是双关语，意为竹子茁壮成长，不依赖东风吹拂，我无需感激什么“东家”；也不会因环境的变化而失节移志，我身在曹营心在汉 。相传，关羽赋诗后，便封金挂印，带着二位

皇嫂逃离曹营，过五关，斩六将，历尽艰辛，终于同刘备、张飞团聚。

公元219年，关羽为刘备镇守荆州五郡，翌年，东吴大将吕蒙偷袭荆州，关羽腹背受敌，败走麦城时，被伏兵所杀。去世后，人民群众感其义薄云天，尊其为“关公”。后来历代朝廷也多有褒封，清朝奉忠义为核心价值观，顺治皇帝下诏封关羽为“忠义神武关圣大帝”，尊为“武圣”，与“文圣”孔子并重。

民间流传着许多关羽的故事：

如桃园三结义，温酒斩华雄，千里走单骑护嫂归兄，过五关斩六将。元末明初，关羽的山西老乡、一生崇尚忠义、与施耐庵结为挚友的大作家罗贯中，在自己的小说《三国演义》中，诗赞关云长：

人杰惟追古解良，士民争拜汉云长。
桃园一日兄和弟，俎豆千秋帝与王。
气挟风雷无匹敌，志垂日月有光芒。
至今庙貌盈天下，古木寒鸦几夕阳。

湖北知名旅游学家，“荆州关公义园”的策划人刘俊刚先生一语惊人：“不管世界多宽多广，无非就是男人和女人的故事。1851 年暮色苍茫的巴黎街头两军对垒，一位年轻姑娘高呼‘共和万岁’，手持熊熊火炬跃过障碍物，在波拿巴军队机枪的扫射下，姑娘倒在血泊中。现场目睹了这一切的巴托尔迪，后来便将这位高擎火炬勇敢牺牲的姑娘，雕塑成了美丽高贵、义薄云天的纽约自由女神像，令无数前来瞻仰的男人遐思万千。而在中国荆州，也有一尊红脸美髯丹凤眼的关公雕像：一柄青龙偃月刀，一串激荡人心事，威武雄壮、忠义逼人，足以让女人们为之仰慕，恨不相遇。在湖北当阳的关陵，有一块关羽生前训诫教子的‘四好’碑——‘读好书、说好话、行好事、做好人’。唐代诗人郎士元有一首《关羽祠送高员外还荆州》：‘将军禀天姿，义勇冠今昔。走马百战场，一剑万人敌。’夜读《春秋》的关羽明察大义，‘忠、义、仁、勇、礼、智、信’七德俱备，是可与文圣孔子并蓄千古人心的武圣，是中华超级人格英雄，‘荆州关公义园’就是为了发掘这一忠义文化的宝藏和魅力而创建的！”

荆州关公义园

游七星岩

朱德

七星降人间，仙姿实可攀。

久居高要地，仍是发冲冠。

开心才见胆，破腹任人钻。

腹中天地阔，常有渡人船。

【选家诗话】

朱德（1886—1976），政治家和军事家，中华人民共和国十大元帅之首。

这首诗看似描述桂林七星岩外形的高昂和内部溶洞的宽阔，实际上体现了元帅自己尽管久居官场，久居高位，仍然是书生意气，赤子之心。遇到不恤民间疾苦的非正义非公平之举，就会勃然大怒，乃至怒发冲冠。自己对人开诚相见肝胆相照，且普渡众生。胸怀广阔，不为成见所囿，所谓宰相肚里能撑船。

船票

北岛

他没有船票
又怎能登上甲板
铁锚的链条哗哗作响
也惊动这儿的夜晚
海呵，海
退潮中上升的岛屿
和心一样孤单
没有灌木丛柔和的影子
没有炊烟
划出闪电的船桅
又被闪电击成了碎片
无数次风暴
在坚硬的贝壳和鱼鳞上
在水母小小的伞上
留下了静止的图案
一个古老的故事

在浪花与浪花之间相传
他没有船票
海呵，海

【选家诗话】

北岛，本名赵振开，1949年生于北京知识干部家庭，初中毕业后做建筑工人，1970年开始诗歌创作，1978年和芒克等人，共同创办非官办诗刊《今天》。成为朦胧诗代表人物，多次获诺贝尔文学奖提名。现为香港中文大学教授。著名诗作有《回答》、《一切》。北岛有一句诗流传全世界：卑鄙是卑鄙者的通行证，高尚是高尚者的墓志铭。

本诗虽然是典型的朦胧诗，但思想主题非常清晰：人生中的失落感。失落感或者叫伤感，是最容易引人共鸣的美感，诗歌的美学生命，就是引发共鸣。失落感是一种普遍的人性。本诗之所以能一唱三叹，打动人心，是因为他用了一组天涯海角孤岛无人的意象、表达人生不顺利、不称意。失落伤感是一种美感，但并不是所有的失落都能引起人们伤感共鸣。例如：一个人为失去爱情而悲伤，可以引起别人的伤感、同情，但如果他是为失去金钱而悲伤，其他人则不会有任何的美感和共鸣。

幽夜听琴

[唐代] 刘长卿

月色满轩白，
琴声宜夜阑。
泠泠七弦上，
静听松风寒。
古调虽自爱，
今人多不弹。
向君投此曲，
所贵知音难。

【选家诗话】

刘长卿少年在嵩山书院苦读，唐朝天宝年间考中“进士”，特擅长五言诗，被诗界称“五言长城”，晚年任随州刺史，世称“刘随州”。

琴乃中国古代民族乐器，由七条弦组成，故称“七弦”；“泠泠”形容琴声的清越；“松风寒”

三字以风入松林表现琴声的凄清。全诗从对琴声的赞美，转而对时尚的慨叹，借古调受冷遇流露出诗人不同凡俗的情操。千年之后的鉴湖女侠秋瑾亦深受此诗陶冶，写下《咏琴志感》：

泠泠七弦琴，
所思在翠岑。
成连奋逸响，
中散叹销沉。
世俗惟趋利，
人谁是赏音？
若无子期耳，
总负伯牙心。

自勉

罗学瓒

不患不能柔，惟患不能刚；
惟刚斯不惧，惟刚斯有为。
将肩挑日月，天地等尘埃。
何言乎富贵，赤胆为将来。

【选家诗话】

罗学瓒，1893 年生于湖南湘潭，他与毛泽东同为湖南第一师范校友，且属同乡、同龄、同样出身农民家庭。1918 年由蔡和森介绍加入“新民学会”，成为骨干。1919 年赴法国勤工俭学，1922 年加入中国共产党，在湖南等地开展工人运动，学生运动和妇女运动，1929 年调任中共地下浙江省委书记。因叛徒出卖被捕，1930 年在杭州监狱被杀害，年仅 37 岁。

作者在第一师范求学时，写下此诗锤炼自身素质。他认为，少年成长时期，刚直比柔和更宝贵；刚直豪迈必生奋发有为之雄心壮志，只有铁肩才能挑起历史重任。个人富贵，何其庸俗！面向未来，顺应世界潮流，才有人生价值。

熊亨瀚

夜宿汉口①

昨夜洞庭月，
今宵汉口风。
明朝何处去？
豪唱大江东！

客中过上元节

大地春如海，
男儿国是家。
龙灯花鼓夜，
长剑走天涯。

①原标题为《途中》。

【选家诗话】

这两首诗，文字凝练，音韵和谐，格律工整，已得唐诗神韵。

作者熊亨瀚 1894 年出生于湖南益阳县，10 岁到益阳龙洲书院（益阳高等小学堂）读书。1909 年考入长沙益阳驻省中学，1911 年参与武昌起义，1913 考入日本东京神田法政学院。1919 年秋，在家乡与进步青年组织出版《资江》杂志，1926 年加入中国共产党，1928 年在汉阳鹦鹉洲被国民党特务抓捕打入大牢，面对审讯，他只说了一句："何必多说！ 军法杀就杀。"就义于长沙市，时年 34 岁。在狱中他给妻子写有《绝命遗言》：

人生自古谁无死！余之死，非匪、非盗、非奸、非拐、非杀人放火、非贪赃枉法，实系为国家社会含冤负屈而死。扪心自问，尚属光明，公道未泯，终可昭雪。

徐志摩

志摩诗五首

雪花的快乐

假如我是一朵雪花，
翩翩的在半空里潇洒，
　　我一定认清我的方向——
　　飞扬，飞扬，飞扬——
这地面上有我的方向。

不去那冷寞的幽谷，
不去那凄清的山麓，
　　也不上荒街去惆怅——
　　飞扬，飞扬，飞扬——
你看，我有我的方向！

在半空里娟娟的飞舞，
认明了那清幽的住处，

等着她来花园里探望——
飞扬，飞扬，飞扬——
啊，她身上有硃砂梅的清香！

那时我凭藉我的身轻，
盈盈的，沾住了她的衣襟，
贴近她柔波似的心胸——
消溶，消溶，消溶——
溶入了她柔波似的心胸！

偶然

我是天空里的一片云，
偶尔投影在你的波心——
你不必讶异，
更无须欢喜——
在转瞬间消灭了踪影。

你我相逢在黑夜的海上，
你有你的，我有我的，方向；
你记得也好，
最好你忘掉，
在这交会时互放的光亮！

朝雾里的小草花

这岂是偶然，小玲珑的野花！
　你轻含着鲜露颗颗，
　怦动的，像是慕光明的花蛾，
在黑暗里想念焰彩，晴霞；

我此时在这蔓草丛中过路，
　无端的内感，惘怅与惊讶，
　在这迷雾里，在这岩壁下，
思忖着，泪怦怦的，人生与鲜露？

山中

庭院是一片静，
　听市谣围抱；
织成一片松影——
看当头月好！

不知今夜山中
　是何等光景；
想也有月，有松
　有更深的静。

我想攀附月色，
　化一阵清风，
吹醒群松春醉，
　去山中浮动；

吹下一针新碧，
　掉在你窗前；
轻柔如同叹息——
不惊你安眠！

月下雷峰影片

我送你一个雷峰塔影，
　满天稠密的黑云与白云；
我送你一个雷峰塔顶，
　明月泻影在眠熟的波心。

深深的黑夜，依依的塔影，
　团团的月彩，纤纤的波鳞——
假如你我荡一支无遮的小艇，
　假如你我创一个完全的梦境！

【选家诗话】

作者徐志摩，1897年出生于浙江省海宁，新月派代表诗人，这位大学者也是位“大学霸”。1910年徐志摩经表叔沈钧儒引导考入浙江一中，与郁达夫同班。中学毕业后考入北京大学拜梁启超为师。1918年赴美考入哥伦比亚大学，3年后又考入英国剑桥大学，深受欧美浪漫主义和唯美派诗人的影响，1924年起任北京大学教授兼北京女子师范大学教授。1931年11月19日因飞机失事罹难。一表人才、斯文高贵的徐志摩一生充满光荣与梦想，表现为四点：读名校，拜名师，赏名女，写名诗。代表作《再别康桥》蜚声全球。

天真的预言

[英国] 布莱克

一颗沙里看出一个世界，
一朵野花里一座天堂，
把无限放在你手掌上，
永恒在一刹那收藏。

（梁宗岱 译）

【选家诗话】

威廉·布莱克，18世纪英国第一位重要的浪漫主义诗人、版画家。主要有诗集《纯真之歌》《经验之歌》等。早期作品简洁明快，中后期作品趋向深沉，充满神秘色彩。

李大钊诗（节选）

李大钊

鹏鸟将图南，扶摇始张翼；
一翔直冲天，彼何畏荆棘？
相期吾少年，匡时宜努力。
男儿尚雄飞，机失不可得。

【选家诗话】

鹏鸟：语出《庄子》，此处指南方革命势力的兴起。

李大钊，1889 年生于河北乐亭，中国共产党主要创始人。1907 年考入天津北洋法政专门学校，1913 年考入东京早稻田大学，1916 年到北京大学任图书馆主任兼经济学教授。1920 年初，李大钊与陈独秀相约，在北京和上海分别活动，筹建中国共产党。1927 年北洋军阀政府将李大钊等 20 位革命者绞杀在西交民巷京师看守所内。1981 年，人民文学出版社出版了《李大钊诗文选集》。

画廊里的美少女

[英国] 诺曼·麦凯格

有蔬菜的静物画
和正注视它的你
那么地静。
那静物画中的种种色彩
以其自身存在的强度
震颤。
假如没有光
它们又会怎样?
陌生人，我喜欢你
如此静静地站立
在你携带着的
光的强度里。

（傅浩 译）

【选家诗话】

诺曼·麦凯格，英国最优秀的现代诗人之一。著有《遥远的距离》《内在的眼睛》等诗集，其诗歌往往具有新奇的意象和别开生面的格式，同时在语言上简洁、纯净。

我为少男少女们歌唱

何其芳

我为少男少女们歌唱。
我歌唱早晨，
我歌唱希望，
我歌唱那些属于未来的事物，
我歌唱正在生长的力量。

我的歌呵，
你飞吧，
飞到年轻人的心中
去找你停留的地方。

所有使我像草一样颤抖过的
快乐或者好的思想，
都变成声音飞到四方八面去吧，

不管它像一阵微风
或者一片阳光。

轻轻地从我琴弦上
失掉了成年的忧伤，
我重新变得年轻了，
我的血流得很快，
对于生活我又充满了梦想，
充满了渴望。

【选家诗话】

何其芳，1912 年生于四川万县，1935 年北京大学哲学系毕业。1938 年，到延安鲁迅艺术学院任教，发表《我为少男少女们歌唱》，同年加入中国共产党。1944 年至 1947 年在任中共四川地下省委委员、新华日报社副社长等职，在“文革”中被打为“走资派”，1977 年病逝于北京。

如果生活不够慷慨

汪国真

如果生活不够慷慨，
我们也不必回报吝啬。
何必要细细的盘算，
付出和得到的必须一般多。

如果能够大方，
何必显得猥琐。
如果能够潇洒，
何必选择寂寞。

获得是一种满足，
给予是一种快乐。

【选家诗话】

此诗体现了诗人超然大气的生活态度，生活不过是慢慢的成长，学会面对困难而已。我们总会被困难挫折打击得遍体鳞伤，但那些都是过眼云烟，面对生活，我们会变得更加的慷慨、乐观。

作者汪国真，祖籍厦门，1956 生于北京，1982 年毕业于暨南大学中文系。1985 年开始诗歌创作，引起诗坛关注，1990 年 5 月，汪国真第一部诗集《年轻的潮》出版。同年 10 月，北京高校出现“汪国真诗歌热”，很快蔓延全国，他的诗歌成为少男少女的精神家园，读者超过一亿人，在诗歌一路衰落的现代这成了一个谜。2005 年初任中国艺术研究院文学艺术创作中心主任。

2015 年 4 月，一代少男少女的偶像诗人，59 岁的汪国真因癌症在北京逝世。吴祖光之子，评论家吴欢称汪国真是“中国诗史绕不开的人物”，并送挽联曰：“有人说你不算好诗人，但好诗人真不如你。”

金诗一百首

书香哲理 朴诚勇毅

——瞬息万变，开卷有益。
一事一物，均有规律。
朴实诚信，勇敢弘毅。
乃倜傥风流之前提。

萤

绿原

蛾是死在烛边的
烛是熄在风边的

青的光
雾的光和冷的光
永不殡葬于雨夜
呵，我真该为你歌唱

自己的灯塔
自己的路

【选家诗话】

绿原（1922—2009），原名刘仁甫，又名刘半九，湖北黄陂人。著名作家、诗人、翻译家、编辑家。曾荣膺斯特鲁加国际诗歌节“金环奖”、国际华文诗人笔会“中国当代诗魂金奖”，诗集有《童话》、《又是一个起点》等。

如果自身没有光，而希望世界给予，那么得到最终是黑暗，所以，飞蛾与烛最终走向灭亡。但萤不同，它的光虽小、朦胧，但不会因风雨而殡葬，因为那是它的光。最要紧的是要有自己的光，找到真实的自己，走自己的路。

画菊

[宋代]郑思肖

花开不并百花丛，
独立疏篱趣未穷。
宁可枝头抱香死，
何曾吹落北风中。

【选家诗话】

不并：不靠在一起。并，一起。

疏篱：稀疏的篱笆。

北风：寒风，此处语意双关，暗示北方蒙族入侵者。

郑思肖（1241—1318），宋末元初爱国诗人、画家，曾在苏州主持和靖书院。自称菊山后人，有诗集《心史》《郑所南先生文集》。本诗咏物，首句写菊花傲立风霜，次句写百花凋零后菊花依然独树一帜，意趣盎然；后两句表达诗人不事二主，忠贞不屈的骨气。全诗以菊喻人，表现精准、生动。郑思肖善于以民族大义炼字炼句，其“胸中有誓深于海，肯使神州竟陆沉”为诗界公认之名句，流传至今。

太阳（节选）

流沙河

我们从太阳系出发
首次飞入了恒星际空间
就像小孩爬出摇篮
走出房门走进了花园里
这时候我们终于接受一个真理
照耀我们成长的太阳虽然伟大
却并非永恒却并非万有
固执迷信的只是我们自己
她原本是一颗平凡的恒星

飞啊飞啊向前飞
宇宙永远不会有尽头
银河系中有太阳一千亿个
繁荣的可居世界无法数清

只要在适当的距离范围内
每个太阳都能成为人们的慈
我们从蛋白质演变为人类
生生死死再生再死
死死生生再死再生
作为个体我们的生命有限
作为种属我们的生命无穷
虽然含笑的不再是相同的眼
虽然跳动的不再是相同的心
生命之火代代相传
春天永远和我们同在

【选家诗话】

这是长诗最后的一个片断。诗人以丰富的天文学知识，描绘出宇宙壮丽无比的形象。当我们随同诗人的想象作一次“逍遥游”，这才发现哺育我们的太阳绝非万有，绝非永恒。世界不是一个封闭的圆圈，还有千千万万个太阳在不可目及的远方照耀。追求没有止境，前进没有止境。所有的禁锢和迷信都将为自然和社会发展的必然规律所粉碎。结论是：“上帝终归是我们自己，而不是任何太阳。”

观书

[明代] 于谦

书卷多情似故人，
晨昏忧乐每相亲。
眼前直下三千字，
胸次全无一点尘。
活水源流随处满，
东风花柳逐时新。
金鞍玉勒寻芳客，
未信我庐别有春。

【选家诗话】

首联用拟人手法，将书比作老朋友，从早到晚和自己形影相随、愁苦与共。颔联用夸张、比喻手法写诗人读书的极快极多及专心。一眼扫过三千字，沉迷书中无杂念。颈联化用宋代大哲学家朱熹《观书有感》“问渠那得清如许，谓有源头活水来”句，勤奋攻读长新知，就像东风催开百花，染绿柳枝一样。尾联以显摆奢华，游手好闲的公子哥们反衬：简陋的书房是知识的海洋，青春的价值生命的追求在此闪光。

作者于谦，浙江杭州人，明朝大臣，与岳飞、张煌言被并称“西湖三杰”，著有《于忠肃集》。于谦生性刚直，博学多闻，其最受称道的诗作是《石灰吟》：

千锤万凿出深山，
烈火焚烧若等闲。
粉骨碎身浑不怕，
要留清白在人间。

蝉

[唐代] 虞世南

垂緌饮清露，
流响出疏桐。
居高声自远，
非是藉秋风。

【选家诗话】

唐太宗曾多次称赞虞世南有“五绝”：德行、忠直、博学、文词、书翰。

“垂緌”是古人结在领下的帽带下垂部分，蝉的头部有伸出的触须，形状像下垂的冠缨，故称“垂緌”。古人认为蝉生性高洁，栖息于高处，餐风饮露，故为“饮清露”。这句写出了蝉的清华俊朗的特点。

梧桐是高树，一“疏”字，更见其枝干的高挺，与末句的“秋风”相呼应。“流响”写蝉长鸣不已。

“居高声自远，非是藉秋风”，由上两句引出的议论。蝉声远传，是“居高”使然。立身高洁，不需权贵帮助，自能声名远播，诗人对自身内在品格高度自信。

蝉是广泛受认同的正面形象，晚唐诗坛巨匠李商隐也写过一首《蝉》倾吐心声：

本以高难饱，徒劳恨费声。
五更疏欲断，一树碧无情。
薄宦梗犹泛，故园芜已平。
烦君最相警，我亦举家清。

蝉歇在高高的树上，高洁得只喝得到露水，肚子难饱。只能白白地辛苦鸣叫。五更：我国把夜晚分成五个时段，“五更”时打鼓报更。薄宦：频繁调动的小官吏。梗（gěng）犹泛：水中浮木漂泊不定。梗，指树木的枝条。老家的庭园，无人打理，野草和园内植物已连成了一片，谢谢你的鸣叫提醒，我做官严谨，全家都清清白白。唐诗中最早咏蝉的虞世南是清华人语，李商隐“本以高难饱，徒劳恨费声”是牢骚人语。骆宾王的《在狱咏蝉》“露重飞难进，风多响易沉”则是患难人语。

西陆蝉声唱，南冠客思深。
不堪玄鬓影，来对白头吟。
露重飞难进，风多响易沉。
无人信高洁，谁为表予心。

玄鬓：黑色的蝉；南冠：代指囚犯。

听到秋天蝉鸣，坐牢的我不由得格外思家。因冤狱而白头，怎经得起那声声揪心的蝉鸣。秋深天冷露水重，蝉想飞动越来越难，声音也被淹没在秋风声中。有谁信你的高洁？有谁能替我表白？我们的境遇多么相似啊！

秋日

[北宋] 程颢

闲来无事不从容，
睡觉东窗日已红。
万物静观皆自得，
四时佳兴与人同。
道通天地有形外，
思入风云变态中。
富贵不淫贫贱乐，
男儿到此是豪雄。

【选家诗话】

天地有形，风云变态。种种恒变与不变，大自然与人世间相同，处此不断变动的社会之中，要穷不失志，富不癫狂，安贫乐道，既积极进取，又坚守底线。孟子说：“富贵不能淫，贫贱不能移，威武不能屈，此之谓大丈夫。”孔子说：“回也，一箪食，一瓢饮，在陋巷，人不堪其忧，回也不改其乐。”又说“饭疏食饮水，曲肱而枕之，乐亦在其中矣。不义而富且贵，于我如浮云。”男儿果能如此，那不就是孔孟之道的大丈夫境界吗？

作者程颢（hào）：北宋哲学家、教育家、诗人；出生于湖北黄陂，担任过太子的老师。程颢和其弟程颐同为北宋理学奠基人，世称“二程”。其老师周敦颐有名句“出淤泥而不染，濯清涟而不妖”，其弟子朱熹也是一代大儒，世称程朱学派。程颢撰有《定性书》《识仁篇》，程颐撰有《易传》《经说》，后人将其编为《二程合集》。程颐称赞自己“明道先生”的哥哥：盖自孟子之后，“使圣人之道焕然复明于世者，一人而已”。

泥土

鲁藜

老是把自己当作珍珠
就时时有怕被埋没的痛苦

把自己当作泥土吧
让众人把你踩成一条道路

【选家诗话】

人既要勇于进取，又要甘于平凡；只有不怕被埋没者，才真正不会被埋没。此诗被革命烈士张志新和公仆楷模孔繁森奉为座右铭。

作者鲁藜，1914 年生于福建同安。童年时随做工的父母侨居越南，因家贫只读完初中，18 岁回国后开始文学创作，1936 年在上海参加左翼作家联盟后加入共产党。1938 年投奔延安抗大，一年后在重庆胡风主编的《七月》杂志上发表组诗《延河散歌》，成为七月派的代表人物。其后，为响应毛泽东延安文艺座谈会上的讲话，批评一些自以为是的文艺家，鲁藜发表了《泥土》一诗，震动左翼文坛后，又申请奔赴八路军晋察冀军区任民运干事、战地记者。1955 年任天津市文联主席时，因胡风案受牵连，被关押审查后下放劳动，1981 年始获平反。著有诗集《鲁藜诗选》等。和鲁藜《泥土》异曲同工的是诗人林希的《土》：

附着在大地上
你是土壤
沉浮在空间里
你是尘埃

有趣的是，年龄比鲁藜小 20 岁的林希，除与鲁藜诗意相同之外，还有三个相同：同属福建人，同属天津文艺界，同因“胡风案”牵连遭祸。

火柴

叶文福

可怜一家子
百十来口挤一间没有窗门的斗室
个个都渺小
渺小得全家一个名字

但是，个个都正直：
站着，是擎天柱的缩影
躺下，是一行待燃的诗
每个人都有一颗自己的头颅
每人一生
只发言一次
光的发言，火的发言
燃烧的生命高举鲜艳的旗帜

明知言罢即死，却前仆后继
谁都懂得：一次发言
是一生的宗旨，是神圣的天职
啊，火柴——
伟大的家族，英雄一家子
莫说渺小，个个都是战士

【选家诗话】

作者叶文福，1944年生于湖北蒲圻，师范毕业后当过小学教师，1964年加入工程兵部队任宣传干事，随后开始写诗。1979年叶文福诗风突变，他在《诗刊》发表了《将军你不能这样做》，这首诗是生命激情的直接流泻，是对丑恶的无情抨击和对光明的执著追求，这激情给诗坛带来的是一种阳刚之气，一种壮骨雄风。与这股激情同流合奔的，还有白桦的《阳光，谁也不能垄断》、熊召政的《请举起森林一般的手，制止》、刘祖慈的《为高举的和不举的手臂歌唱》、曲有源的《关于入党动机》。

《火柴》一诗的拟人，精准生动，惟妙惟肖，特别是诗如其人，作者将其塑造成大义凛然，奉献牺牲的形象，感人至深。20 年后，山东诗人张庆岭也写了一首咏火柴的诗，悟出失败乃人间常事，奋斗者应该有思想准备，处变不惊。

年轻的时候
总以为
只用一根火柴
就能把整个世界
点燃

甚至以为自己
就是那根火柴

老了才明白
那么多的火柴充塞人间
都是为了准备——
无数次的失败

赐萧瑀

[唐代] 李世民

疾风知劲草，
板荡识诚臣。
勇夫安识义，
智者必怀仁。

【选家诗话】

萧瑀（yǔ），原隋朝将领，归降唐太宗李世民后受重用。李世民写诗表彰他忠诚可靠。板荡：指动乱之世。

作者李世民，随父起兵反隋，被封秦王。知人善任，注重纳谏，励精图治，营造了初唐的太平盛世，史称“贞观之治”。他最著名的一首诗《饮马长城窟行》诗风高亢而爽朗，开创唐代边塞诗先河，被史家认为开启了三百年唐诗风雅之盛。其诗云：

塞外悲风切，
交河冰已结。
瀚海百重波，
阴山千里雪。
迥戍危烽火，
层峦引高节。
悠悠卷旆旌，
饮马出长城。
……

老马

臧克家

总得叫大车装个够，
它横竖不说一句话，
背上的压力往肉里扣，
它把头沉重地垂下！

这刻不知道下刻的命，
它有泪只往心里咽，
眼里飘来一道鞭影，
它抬起头望望前面。

【选家诗话】

本诗仁者见仁，智者见智，就是为我们支撑着家的父亲形象！他正直而贫穷，为养家糊口终日劳累奔波，受尽生活压迫欺凌；至于前程风险，命运归属，他宁可只做不说。

作者臧克家，1905年生，山东大学知名校友，曾任《诗刊》主编。他的第一部诗集是《烙印》，自称师从闻一多，善于刻画农民形象，有“农民诗人”之称。1949年11月为纪念鲁迅创作新诗《有的人》

有的人活着
他已经死了；
有的人死了
他还活着。

有的人
骑在人民头上：“呵，我多伟大！”
有的人
俯下身子给人民当牛马。

有的人
把名字刻入石头，想“不朽”；
有的人
情愿作野草，等着地下的火烧。

有的人
他活着别人就不能活；
有的人
他活着为了多数人更好地活。

骑在人民头上的
人民把他摔垮；
给人民作牛马的，
人民永远记住他！

把名字刻入石头的
名字比尸首烂得更早。
只要春风吹到的地方，
到处是青青的野草。

他活着别人就不能活的人，
他的下场可以看到：
他活着为了多数人更好地活着的人，
群众把他抬举得很高，很高。

明月照秋霜

蔡谨璜

明月照秋霜，
今朝返故乡。
留得头颅在，
雄心誓不降。

【选家诗话】

蔡瑾璜（1906—1928）：湖北麻城人，共产党员。第一次国内革命战争失败后参加黄、麻农民秋收暴动，曾任中共麻城县委书记。1928 年，蒋介石向麻城围攻，诗人不幸被捕牺牲。此诗是诗人被捕前所写，前两句写诗人返乡的情景，后两句写诗人誓死不降。整首诗表现了诗人不畏惧死亡的浩然正气。

咏卢梭①

蒋智由

世人皆欲杀，
法国一卢梭。
《民约》倡新义，
君威扫旧骄。
力填平等路，
血灌自由苗。
文字收功日，
全球革命潮。

①原标题为《卢梭》。

【选家诗话】

蒋智由，出身寒门，考入杭州紫阳书院，能诗善文工书法。清末考中举人后，不满清朝腐败，而拒受山东曲阜知县（县长）一职。1902 年，与蔡元培等在上海创立中国教育会，并参加光复会自费赴日本留学，任《新民丛报》编辑，梁启超称他与黄遵宪、夏曾佑为“近代诗界三杰”。卢梭，又译卢骚，乃 18 世纪法国大革命思想先驱，其著作《民约论》现译为《社会契约论》。此诗作于 1898 年戊戌变法失败后，1902 年邹容在《革命军》一书中推崇引用了此诗，并写道“巍巍哉！革命也！皇皇哉！革命也……我中国欲与世界列强并雄，不可不革命；我中国欲长存于二十世纪新世界上，不可不革命；我中国欲为地球上名国、地球上主人翁，不可不革命”。一年后，邹容因“苏报案”入狱，诗赠一同入狱的章炳麟（章太炎）：我兄章枚叔，忧国心如焚。并世无知己，吾生苦不文。一朝沦地狱，何时扫妖氛？昨日梦随兄，同兴革命军！鲁迅也有一首五绝《吊卢骚》：脱帽怀铅出，先生盖代穷。头颅行万里，失计造儿童。

手莫伸

陈毅

手莫伸，伸手必被捉。
党与人民在监督，万目睽睽难逃脱。
汝言惧捉手不伸，他道不伸能自觉。
其实想伸不敢伸，人民咫尺手自缩。
岂不爱权位，权位高高耸山岳。
岂不爱粉黛，爱河饮尽犹饥渴。
岂不爱推戴，颂歌盈耳神仙乐。
第一想到不忘本，来自人民莫作恶。
第二想到党培养，无党岂能有所作？
第三想到衣食住，若无人民岂能活？
第四想到虽有功，岂无过失应渐怍。
吁嗟乎，九牛一毫莫自夸，骄傲自满必翻车。
历览古今多少事，成由谦逊败由奢。

【选家诗话】

陈毅（1901—1972），四川乐至人，解放军十大元帅之一，留有《陈毅诗词选》。此诗劝官莫造腐败孽，坦露胸怀字字诚。至今读之，醍醐灌顶。直爽坦率也是陈毅的魅力，其《青松》诗曰：

大雪压青松，
青松挺且直。
要知松高洁，
待到雪化时。

别声响

[俄罗斯] 邱特切夫

别声响，好好藏起你的想望。
任凭它在心灵深处荡气回肠？
你应该默默地看着他们
就像欣赏夜空中的星光。

别声响，你怎能冒昧表白心肠，
别人怎能理解你的思想？
每人都有各自的体验和幻象，
一旦说出，它就会变样！

清泉喷出便会被弄脏，
怎能捧起它，喝个欢畅？
要学会生活在理智之中，
全宇宙，都是你的心房！

可惜许多神秘的信号
全被外部的噪音干扰。
甚至阳光也在驱散灵感，
但你要听得到自然界歌唱！

（方铁 译）

【选家诗话】

丘特切夫，19 世纪俄罗斯著名诗人，以写爱情诗和风景诗著称。出生贵族家庭；幼年热爱诗歌，1819 年进莫斯科大学语文系；1821 年毕业后在在外交部驻德国使馆任职，期间与德国诗人海涅相识，其诗歌特征善于刻画季节的变化和内心的感受。他说为使诗歌繁荣它应当扎根于土壤中不要轻易表达自己，因为独立的思想是不容易为人所理解的。应当学会深沉，学会生活在理智之中。

西风颂（节选）

［英国］雪莱

把我当作你的竖琴吧，有如树林：
尽管我的叶落了，那有什么关系！
你巨大的合奏所振起的音乐
将染有树林和我的深邃的秋意：
虽忧伤而甜蜜。呵，但愿你给予我
狂暴的精神！奋勇者呵，让我们合一！
请把我枯死的思想向世界吹落，
让它像枯叶一样促成新的生命！
哦，请听从这一篇符咒似的诗歌，
就把我的话语，像是灰烬和火星
从还未熄灭的炉火向人间播散！
让预言的喇叭通过我的嘴唇
把昏睡的大地唤醒吧！西风啊，
如果冬天来了，春天还会远吗？

（查良铮 译）

【选家诗话】

按常情，人们只歌颂春天，不歌颂冬天；只喜欢温煦的东风，不喜欢酷冷的西风。可英国大诗人雪莱为何一反常态，为寒冬的冷酷作颂?

1818 年雪莱受到政府迫害，悲愤地离开祖国。1819 年 8 月，曼彻斯特的 8 万工人为争取生活权利举行示威游行，英国政府竟派骑兵镇压，致使 15 名工人被杀，400 人受伤。身在异国的雪莱愤怒地写下了《西风颂》，蔑视当局的镇压。诗人由自然界的闪电雷鸣，联想到人世间的狂风暴雨和物极必反的规律，向劳动者发出不惧严寒，迎接春天的战斗号召。

关于真理

公刘

真理有时像无花果，
静悄悄，萌生于树叶之间，
它和树叶一样是绿的，
并不红得耀眼。

真理有时又像毛栗子，
它把果仁藏得很严，
不但有一层又厚又硬的壳，
而且像刺猬似的不招人喜欢。

尊重无花果吧，
它没有那股招蜂惹蝶的甜，
理解毛栗子吧，
它告诫采集者：艰难。

【选家诗话】

公刘 1927 年出生于江西南昌，1946 年半工半读于南昌中正大学法学院，参加中共地下党领导的学运组织，1954 年加入中国作家协会，出版了诗集《边地短歌》；1956 年调入解放军总政治部文化部，1957 年被打成“右派”。1978 年回归诗坛，疾病缠身二十余年，坚持写诗直至去世。留有诗集《离离原上草》。

秋夜感怀（节选）

刘静庵

金以炼益精，
水以澄益清。
动心而忍性，
千古有典型。

【选家诗话】

刘静庵，武昌辛亥首义的革命播种人。1875年生于湖北潜江县梅家嘴，1902年任武昌新军第一营营长黎元洪的文书，1903年3月，与张难先等在武昌成立革命团体科学补习所，谋划湘鄂联合举义。后因起义计划泄露，科学补习所被封，刘静庵被迫托病离营。1905年以担任美国教会阅报室“日知会”司理（所长）为掩护，积极发展会员，宣传革命思想。1907年，计划响应刘道一等人策划的萍浏醴起义，事泄被捕，身受各种酷

刑，但仍高昂头颅，骂声不绝，被誉为“铁汉”。特别是被判终身监禁后，他在狱中仍然持读书学习，包括经学、史学、音韵训诂之学及宋明理学，他还以铁血军名义，教育团结难友，宣称自己理想是天下一家，无洲界，无国界，无种族界，无富贵，无贫贱，无胜弱，无尊亦无卑，人人各尽天职。由于五年的牢狱折磨，疾病交加，不意竟在武昌首义四个月前瘐死狱中。武昌首义成功后，湖北军政府向刘家授予“湖北第一家”匾牌。早在 1905 年时，刘静庵就抱必死之决心，与祖籍湖北浠水县的熊十力文友、铁血诗人王汉等谋划刺杀清户部侍郎铁良的计划。王汉系刘静庵精心培养的日知会会员，王汉则拒绝刘静庵参与谋杀，以免影响日后主持武昌起事之大局，王汉只邀胡瑛一路尾随铁良的车队。到河南安阳后，王汉叮嘱胡瑛：

“我一人拼命即可，我死后请为我收尸，将我之死状遍告武昌同志。”下午，王汉趁铁良上轿子时连发三枪，因书生未受军事训练均未击中，侍卫闻声扑倒王汉，王汉又举枪自杀未遂，便推开侍卫，投入道傍一水井自溺身亡。现场官兵目睹王汉之亡命气概，均为之色变，心生寒栗。早在 1 个月前，王汉便对新婚妻子高氏交代：“你我原属恩义结合，今卿未负我，而我将出远门，以老母累卿，若何？”王汉在出发前，将一首诀别诗，悄悄放入高氏梳妆盒中，诗曰：

与妻诀别诗

人生历尽许多艰，
方能打破生死关。
今朝一死乃真死，
非比往昔徒空言。
未知此去何时会，
生死悠悠一寸心。
若使断头成永诀，
愿卿含笑贺孤魂。

聂荣臻元帅赞[①]

杨叔子

天地有正气，
古今真完人。
清贫炼忠骨，
戎马建奇勋。
科技倾心血，
弹星凝梦魂。
高山安可仰，
思泪落纷纷。

①原标题为《五律·参观聂荣臻元帅陈列室》。

【选家诗话】

聂荣臻，十大元帅之一。

作者杨叔子 1933 年江西湖口出生，1952 年考入武汉大学工学院机械系，1991 年当选为中国科学院院士。中国科学院技术科学部副主任，也是中国大陆著名的机械工程专家，教育家，曾任华中理工大学（现华中科技大学）校长。主要成就立足于机械工程领域，把机械工程同控制论、信息论、系统论紧密结合。杨叔子少年时诗才初露，13 岁写下《观雨》：

千丝万线挂空中，
大雨迷蒙望不穷。
四面青山云尽蔽，
行人绝迹鸟无踪。

形影和歌

庄晓明

一个人，一棵树无法相爱
他们的影子可以交叠在一起

一个人，一朵云无法相约
他们的影子可以交叠在一起

一个人，一条狗无法对话
他们的影子可以交叠在一起

一个人，与另一个人相互厮杀
他们的影子仍交叠在一起

夜晚，人睡在地球的影子里
死后，人睡在自己的影子里

【选家诗话】

作者庄晓明，1964 年出生于江苏江都。中国作家协会会员，九三学社会员。已出版诗集《形与影》，随笔集《时间的天窗》，寓言小说集《空中之网》，写作之余，钻研科技，2010 年 10 月，其研创的“高效反光漆”获国家发明专利。

新雷

[清代] 张维屏

造物无言却有情，
每于寒尽觉春生。
千红万紫安排著，
只待新雷第一声。

【选家诗话】

张维屏，清代官员，爱国诗人。1780 年出生于广东番禺一个书香门第家庭，少时即能作诗，13 岁时列童子试榜首。1804 年中举后，首次进京赴考，诗坛大家翁方纲阅其诗作，惊呼“诗坛大敌至矣！”1822 年张维屏终于中了进士，担任地方官员，但他济世救民的愿望受阻，1836 年告病辞归广州，鸦片战争中，他没直接参加战斗，但以诗写史，始终站在人民一边。

物极必反，寒尽春生。只要有量的积累，就必然会有质的突变。这首诗，使我们想起雪莱那激奋人心的名句：“冬天来了，春天还会远吗？”迢迢万里、不同国度 的两首诗，都用高昂的激情昭示相同的哲理，因为无论亚洲人还是欧洲人，都是人类，人性相同，人心相通，是谓普世价值。难怪比较文学巨擘钱钟书坚信：东海西海，心理攸同；南学北学，道术未裂。

金缕曲·赠梁汾

[清代] 纳兰性德

德也狂生耳！偶然间、淄尘京国，乌衣门第。有酒惟浇赵州土，谁会成生此意？不信道、遂成知己。青眼高歌俱未老，向樽前、拭尽英雄泪。君不见，月如水。

共君此夜须沉醉。且由他、蛾眉谣诼，古今同忌。身世悠悠何足问，冷笑置之而已！寻思起、从头翻悔。一日心期千劫在，后身缘、恐结他生里。然诺重，君须记！

【选家诗话】

金缕曲：词牌名。京国：京都。

谣诼：造谣毁谤。

心期：心相许，情投意合。

纳兰性德，清初王公大臣之子，其词凄婉动人，且时时显磊落不平之气，在词史上独具一格，被梁启超誉为“直追南唐李后主”。梁汾，清初著名诗人顾贞观的别号，因受官场排挤，被聘为纳兰性德的家庭教师，但两人毫无主仆隔阂，意气相投。不久，梁汾辞职，并向纳兰性德出示一首思念被流放充边大诗人吴兆骞的《金缕曲》：

季子平安否？便归来、平生万事，那堪回首！行路悠悠谁慰藉？母老家贫子幼。记不起，从前杯酒。魑魅搏人应见惯，总输他覆雨翻云手。冰与雪，周旋久。

泪痕莫滴牛衣透。数天涯、依然骨肉，几家能够？比似红颜多命薄，更不如今还有。只绝塞、苦寒难受。甘载包胥承一诺，盼乌头马角终相救。置此札，兄怀袖。

纳兰性德向梁汾慨然许诺：虽地位悬殊，但忘年之交已成知己，定援手搭救吴兆骞。当场作此《金缕曲》赠别梁汾（顾贞观）。

“德也狂生耳”，起句奇兀，纳兰性德的父亲明珠，是当时权倾朝野的宰辅。而他风华正茂，文武双全，面前一条荣华富贵的大道。而他并不屑顾这一切，竟劈头自称“狂生”，其平民情节凸显而出。“偶然间，缁尘京国，乌衣门第”。

纳兰性德化用谢朓“谁能久京洛，缁尘染素衣”的诗意，暗示富贵人的心灵多被尘世污浊，贫民子弟反而相对朴实洁净。“偶然间”三字，表明他并不希罕金粉世家，希望出身寒素的朋友们理解他，不要把他看成是一般的贵介公子。唐代诗人李贺的有诗句：“买丝绣作平原君，有酒惟浇赵州土。”

平原君系战国四大公子，“见才必怜，见贤必慕”。纳兰性德用李诗入词，对人才总是遭到排挤而忧思重重，悲愤感叹。“谁会成生此意”，除了你，谁能知道我心中的悲叹呢。真不敢相信，我竟然和你结成了知己，让我们互相青睐一起高歌。你看这月光如水，让我们举起酒杯，擦去怀才不遇的英雄泪。今夜尽兴沉醉，不要在意小人造谣中伤，忠而被谤是古今常见的英雄悲剧。前程曲折无须虑，冷笑面对足矣。对和你交往至深，似乎有点后悔。一旦结为知己就将面临许多的意外和责任，缘分能否后续，恐怕要靠来生。但承诺重如山，请君见证铭记。

你造出了黑夜，我制作了明灯

[巴基斯坦] 伊克巴尔

你造出黑夜，我制作了明灯。
你造出粘土，我塑成了杯盆。

你造出沙漠和丛林，
我建起花园，凿出矿井。

我能用砂砾制成玻璃，
使毒汁变成抗毒的血清。

（宋兆霖 译）

【选家诗话】

伊克巴尔，巴基斯坦著名诗人，被称为“巴基斯坦文学之父”。他的诗立意新颖，刻画细腻，抒情和哲理融为一体，具有强烈的爱国主义思想，渗透着独具特色的东方哲学意蕴，著有《驼队的铃声》等诗集十部。

金诗一百首

亲近自然　勤俭幽默

——风趣幽默，崇勤尚俭，远离懒惰。
奢华虚荣乃过眼云烟，
自然天真系万物本色。

白梅

[元代] 王冕

冰雪林中著① 此身②，
不同桃李混③ 芳尘④。
忽然一夜清香发，
散作乾坤⑤ 万里春。

【选家诗话】

①著：放进，置入。
②此身：指白梅。
③混：混杂。
④芳尘：香尘。
⑤乾坤：天地。

作者王冕，出身贫寒，靠自学成为诗人、画家。本诗在一、二句描绘白梅的形象，梅花生长在冰天雪地的严冬，傲然开放，不与桃李凡花相混同。三、四句写白梅的志愿，只愿散发一股清香，长留天地。诗人“托物言志”，借白梅的高洁来表达自己坚守情操。

纱帐 （节选）

余光中

小时候的仲夏夜啊
稚气的梦全用白纱来裁缝
圆顶的罗帐轻轻地斜下来
星云颤颤的纤洞细孔
仰望著已经有点催眠
而捕梦之网总是密得
飞不进一只嗜血的刺客
黑衫短剑的夜行者
只好在外面嘤嘤地怨吟
却竦得放进月光和树影
几声怯怯的虫鸣
一缕禅味的蚊香
招人入梦向幻境蜿蜒
一睁眼
赤红的火霞已半床

【选家诗话】

本诗借用“纱帐”这一意象，引出儿时回忆，追溯童真梦想，语辞通俗易懂，天真烂漫。

余光中，对大陆影响最广的台湾爱国诗人，籍贯福建泉州市。1947 年考入金陵大学外语系，1950 年转入台湾大学外文系。1953 年，与覃子豪、钟鼎文等共创“蓝星”诗社。后赴美进修，获爱荷华大学艺术硕士学位。1956 年，开始在大学任教。与范我存女士结婚。现任台湾中山大学文学院院长，他写诗、评诗、译诗、教诗、编诗，堪称诗歌全才。2010 年 6 月 17 日，余光中携家人和流沙河，李元洛参观了三峡大学，并为全校师生做了一场名为《我的四度空间》的演讲。他还有著名诗作：

乡愁

小时候，
乡愁是一枚小小的邮票，
我在这头，
母亲在那头。
长大后，
乡愁是一张窄窄的船票，
我在这头，
新娘在那头。

后来啊，
乡愁是一方矮矮的坟墓，
我在外头，
母亲在里头。
而现在，
乡愁是一湾浅浅的海峡，
我在这头，
大陆在那头。

寻李白

那一双傲慢的靴子
至今还落在
高力士羞愤的手里，
人却不见了
把满地的难民和伤兵
把胡马和羌笛交践的节奏
留给杜二去细细的苦吟
自从那年贺知章眼花了
认你做谪仙，便更加佯狂
用一只中了魔咒的小酒壶
把自己藏起来，连太太也寻不到你
怨长安城小而壶中天长

在所有的诗里你都预言
会突然水遁，或许就在明天
只扁舟破浪，乱发当风
树敌如林，世人皆欲杀
肝硬化怎杀得死你？
酒入豪肠，七分酿成了月光
余下的三分啸成剑气
绣口一吐，就半个盛唐

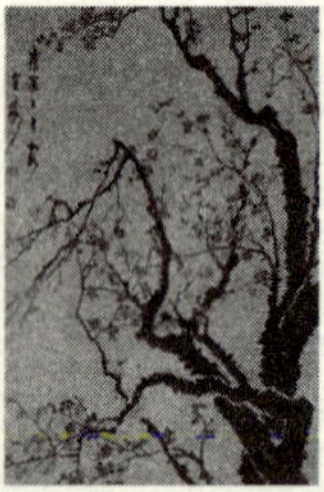

雪梅

[宋代] 卢梅坡

梅雪争春未肯降，
骚人阁笔费评章。
梅须逊雪三分白，
雪却输梅一段香。

【选家诗话】

卢梅坡，因性喜梅，自号“梅坡”，南宋诗人，与大才子、辛派爱国词人刘过是文友。

本诗既有情趣，也有理趣，借雪梅的争春，告诫我们人各有所长，不应该只看见自己之长，而看不见自己之短，或以己之长比人之短；对己对人的看法都要避免片面性。另外，作者嗜爱诗词，嗜爱梅和雪，他还写道：

有梅无雪不精神，有雪无诗俗了人。
日暮诗成天又雪，与梅并作十分春。

湖上

[宋代] 徐元杰

花开红树乱莺啼，
草长平湖白鹭飞。
风物晴和人意好，
夕阳箫鼓几船归。

【选家诗话】

此诗写杭州西湖风光。前两句写景，有静有动，声色俱全，使人想起南朝丘迟《与陈伯之书》中的“暮春三月，江南草长，杂花生树，群莺乱飞”。后两句转到写人，把游人的勃勃兴致与快心畅意写得淋漓尽致。整首诗意境优美，给人清新之感。

作者徐元杰，江西上饶人，自幼聪慧，才思敏捷。拜朱熹的高足陈文蔚为师，宋理宗进士，官至工部侍郎，谥忠愍。其诗清新流畅，著有《梅野集》。

画鸡

[明代] 唐寅

头上红冠不用裁，
满身雪白走将来。
平生不敢轻言语，
一叫千门万户开。

【选家诗话】

唐寅（yín），字伯虎，杭州人。明朝著名的画家、诗人。与祝允明、文徵明、徐祯卿并称“吴中四才子”。画名更著，与沈周、文徵明、仇英并称“吴门四家”，又称为“明四家”。唐寅诗真切平易，不拘章法，大量采用口语，意境清新。

咏幽兰

[清代] 康熙

婀娜花姿碧叶长，
风来难隐谷中香。
不因纫取堪为佩，
纵使无人亦自芳。

【选家诗话】

康熙，清朝第四位皇帝。康熙是年号，康，安宁；熙，兴盛——取万民康宁、天下兴盛的意思。他 8 岁登基，在位 61 年，是历代皇帝中在位最长的一位。

婀娜（ ē nuó ）：形容花姿优美。

本诗大意：兰花的姿容婀娜，叶子碧绿修长，风吹过来，就算身处幽谷里也难掩其香味。不因为被人摘取编制而堪作配饰，即使没有人，它依然能够独自散发芬芳。表现了兰花的谦和踏实，不争虚华的品格。

咏初日

[宋代]赵匡胤

太阳初出光赫赫，
千山万山如火发。
一轮顷刻上天衢，
逐退群星与残月。

【选家诗话】

赵匡胤(927—976)，字元朗，宋朝开国皇帝。史称宋太祖。公元960年，已担任将军的赵匡胤奉命抵抗外族侵略。大军行至陈桥驿（今河南省封丘县陈桥镇），赵匡胤发动“陈桥兵变”，取代原皇帝之位。赵改国号“宋”，史称“宋朝”。在位十六年，四十九岁时病逝。

一次，南唐才士徐铉见赵匡胤，夸耀南唐国主李煜的《秋月》诗天下闻名。赵匡胤听后大笑：寒士之诗不足称道。吾少年时见月到中天，万山明朗，便脱口而出：

“未离海底千山暗，一到中天万国明”。

徐铉闻诗大惊，“此真帝王气魄也”。的确，这句诗和《咏初日》一样，言志述怀，气魄宏大，宋人陈岩肖评价：“大哉言乎，拨乱反正之心见于此诗矣。”

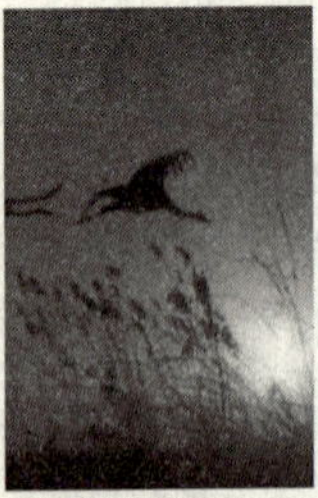

雁儿们

徐志摩

看她们的翅膀，
看她们的翅膀，
有时候纡回，
有时候匆忙。
雁儿们在云空里飞，
晚霞在她们身上，
晚霞在她们身上，
有时候银辉，
有时候金芒。
雁儿们在云空里飞，
听她们的歌唱！
听她们的歌唱！
有时候伤悲，
有时候欢畅。

雁儿们在云空里飞，

为什么翱翔？

为什么翱翔？

她们少不少旅伴？

她们有没有家乡？

【选家诗话】

徐志摩从内心向往爱慕的是民国大才女林徽因，林后来嫁给梁启超的长子梁思成。婚后，夫妇二人对徐志摩毫无芥蒂，往来亲密。林徽因跟随梁思成研究建筑，但诗情画意愈发横溢。她对建筑的描写也是如诗如梦，例如小诗《昆明即景》：

临街的矮楼，

半藏着，半挺着，立在街头，

瓦覆着它，窗开一条缝，

夕阳染红它，如写下古远的梦。

踏莎行

[宋代]欧阳修

候馆梅残，溪桥柳细，草薰风暖摇征辔。离愁渐远渐无穷，迢迢不断如春水。

寸寸柔肠，盈盈粉泪，楼高莫近危阑倚。平芜尽处是春山，行人更在春山外。

【选家诗话】

这是一首情深意远、柔婉优美的作品。上片写行人的离愁，下片写行人的遥想，这遥想实际上是离愁的深化，它使整个词境更加深远。

欧阳修，号醉翁、六一居士，江西省吉安市人，北宋政治家、文学家，谥号文忠，世称欧阳文忠公。后人又将其与韩愈、柳宗元和苏轼合称“千古文章四大家”。与韩愈、柳宗元、苏轼、苏洵、苏辙、王安石、曾巩被世人称为“唐宋散文八大家”。欧阳修是宋代文学史上最早开创一代文风的文坛

领袖，曾写下珍惜时光珍惜友情的著名词作

浪淘沙

把酒祝东风，且共从容，垂杨紫陌洛城东。总是当时携手处，游遍芳丛。

聚散苦匆匆，此恨无穷。今年花胜去年红。可惜明年花更好，知与谁同。

扬子江词

何叔衡

长长长，
亚洲第一大水扬子江。
源青海，
分峡瞿塘。
蜿蜒腾蛟蟒，
滚滚下荆扬。
千里泻，
黄海黄，
润我祖国，
千秋万岁，
历史之荣光。

【选家诗话】

作者何叔衡1875年生于湖南宁乡县农民家庭，1902年考中秀才，1909年何叔衡任云山高等小学堂教师，1918年他与毛泽东等组织成立新民学会，任执行委员长。1921年出席中共第一次全国代表大会，1928年进入莫斯科中山大学，与徐特立、董必武等编在特别班学习。1931年底与毛泽东等参加中央工农民主政府的领导工作，当选为中华苏维埃共和国中央执行委员会委员。1934年红军长征后，何叔衡留在革命根据地坚持战斗， 1935年在福建长汀县突围时壮烈牺牲。毛泽东评价说“叔翁办事，可当大局”。

赠从弟（其二）

[东汉] 刘桢

亭亭[①]山上松，瑟瑟[②]谷中风。

风声一何盛，松枝一何[③]劲。

冰霜正惨凄，终岁常端正。

岂不罹凝寒，松柏有本性。

【选家诗话】

①亭亭：高耸的样子。

②瑟瑟：形容寒风的声音。

③一何：多么。

刘桢，东汉名士，与孔融、陈琳、王粲、徐干、阮瑀、应玚合称“建安七子”，博学有才，所作五言诗，风格遒劲，语言质朴，重名于世。曹丕称“其五言诗之善者，妙绝时人”。

东湖春日

[宋代]张舜民

湖外红花闲白花，
湖边游女驻香车。
秋千对起花阴乱，
蹴鞠孤高柳带斜。
无数小鱼真得所，
一双新燕宿谁家。
故园风景还如此，
极目飞魂逐暮鸦。

【选家诗话】

蹴鞠（cù jū），类似今天的足球。

张舜民，北宋文学家、画家。陕西彬县人，是诗人陈师道的姐夫。张舜民的词作与苏轼风格相近，词存四首。

春节看花市

林伯渠

迈街相约看花市，却倚骑楼似画廊；
束立盆栽成列队，草株木本斗芬芳。
通宵灯火人如织，一派歌声喜欲狂，
正是今年风景美，千红万紫报春光。

【选家诗话】

林伯渠，与董必武、徐特立、谢觉哉、吴玉章并称“中共五老”。1886 年出生于湖南临澧县，1902 年考入湖南西路师范学堂。1904 年留学日本，一年后加入中国同盟会。1920 年，林伯渠出任孙中山大元帅府参议，1921 年经李大钊、陈独秀介绍，加入上海共产主义小组，1927 年参加“八 ·一”南昌起义，后去莫斯科中山大学学习。1933 年出任苏维埃中央政府经济部长，1937 年任八路军西安办事处主任，1954 年当选人大常委会副委员长。1960 年因病逝世。

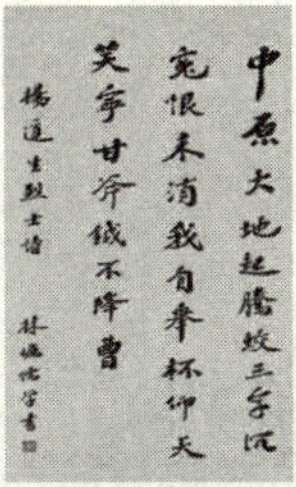

冬游峨眉山

杨道生

入蜀莫嫌蜀道难，
助人吟兴是青山。
此身未合名山住，
尚有前途十八滩。

【选家诗话】

不要怕蜀道山多行路难，青山美景好吟诗。作者追求远大的革命目标，前路漫长，险阻众多，还不能停步在名山美景的个人享受中。故曰，“此身未合名山住”。

作者杨道生 1911 年生于江苏淮安，与周恩来是同乡， 1938 年加入中国共产党，从事党的文化出版事业，曾担任成都战时出版社社长。因揭露“皖南事变”，1941 年 2 月 13 日被捕，1942 年 6 月 3 日在成都东门外沙河被国民党当局杀害。

沁园春·自嘲

启功

检点平生，往日全非，百事无聊。计幼时孤露，中年坎坷，如今渐老，幻想俱抛。半世生涯，教书卖画，不过闲吹乞食箫。谁似我，真有名无实，饭桶脓包。

偶然弄此蹊跷。像博学多闻见解超。笑左翻右找，东拼西凑，繁繁琐琐，絮絮叨叨。这样文章，人人会作，惭愧篇篇稿费高。从此后，定收摊歇业，再不胡抄。

【选家诗话】

启功，1912年生于北京，1938年任辅仁大学讲师，1949年起任北大博物馆系副教授，北师大教授，九三学社顾问、中国书法家协会主席，2005年病逝于北京。

此诗风格幽默，于自谦自嘲中，彰显出一介

书生的纯粹人格和高尚境界。幽默诗风在唐代中期便颇为流行，据《唐诗纪事》载，李涉曾乘舟前往九江，至皖口（今安庆市），遇上强盗。强盗问："来者何人？"李涉仆从说："李涉博士。"强盗一听便说："既是李涉博士，久闻先生诗名，只需题一首诗就行了！"李涉处变不惊，当即欣然命笔，写下一首绝句相赠，诗曰：

暮雨潇潇江上村，绿林豪杰夜知闻。

他时不用逃名姓，世上如今半是君。

强盗得诗大喜，再拜送行。还有一个强盗出身的山东大军阀，被称为"狗肉将军"的张宗昌，于粗俗少文中居然也能做几首幽默诗，例如他上泰山时写了一首《天上闪电》：

忽见天上一火链，好像玉皇要抽烟。

如果玉皇不抽烟，为何又是一火链。

旧时，还有一首关于啄木鸟的幽默诗：

此禽不与众禽同，头戴朱冠一点红。

嘴似铁钉钉铁木，爪如铜钻钻铜桐。

朝飞南浦云烟外，夜宿西山风露中。

非是远来求食啄，只思除却蛀心虫。

寻陆鸿渐不遇

[唐代]皎然

移家虽带郭，野径入桑麻。
近种篱边菊，秋来未著花。
扣门无犬吠，欲去问西家。
报道山中去，归来每日斜。

【选家诗话】

他的新家搬到城墙外一带，乡间小路四边种满桑麻。院子篱笆边还种着菊花，可秋天到了也未开放。敲他的门一声犬吠都没有，向西边邻居打听，邻居说他到山里去了，每天总是傍晚才归。

陆羽，字鸿渐，祖籍复州竟陵（今湖北天门市），后隐居苕溪（浙江吴兴），终生不仕，撰写了中国第一部茶文化专著——《茶经》，被尊为茶圣。诗人皎然，是唐代文名最高的僧人(730—799)，和韦应物、刘禹锡、李端和颜真卿等均有唱和往还，诗风闲雅，多涉山水、宗教，其论诗专著《诗式》在古典诗论中自成一家。

皎然的空灵飘逸是有传承的，他是南朝名门望族谢灵运的十世孙，谢灵运被尊为中国山水诗的鼻祖，其最负盛名的山水诗句，一是《登池上楼》中：

池塘生春草，
园柳变鸣禽。

二是《初去郡》中：

溯溪终水涉，
登岭始山行。
野旷沙岸净，
天高秋月明。

孟浩然的名句“野旷天低树，江清月近人”似承自谢灵运的这一句型。

温庭筠诗两首

[唐代] 温庭筠

细　雨

凭轩望秋雨，凉入暑衣清。
极目鸟频没，片时云复轻。
沼萍开更敛，山叶动还鸣。
楚客秋江上，萧萧故国情。

南　湖

湖上微风入槛凉，翻翻菱荇满回塘。
野船著岸偎春草，水鸟带波飞夕阳。
芦叶有声疑雾雨，浪花无际似潇湘。
飘然篷艇东归客，尽日相看忆楚乡。

【选家诗话】

南湖，即今浙江绍兴的鉴湖。

温庭筠，唐代诗人、词人。诗与李商隐齐名，时称“温李”。在词史上，与韦庄齐名，并称“温韦”，有《温飞卿集》。“花间派”代表词人，辞藻华丽，清婉精致。在湖北襄阳江陵等地度过中青年时光。故在诗词中常以“楚客”忆“楚乡”。

颂陶小咏

苏步青

不为五斗折腰身，归去来兮辞赋新。

篱菊曾馨三径月，桃花犹泛一溪春。

行文爽朗而潇洒，咏史激昂如有神。

倘使先生逢盛世，何须高隐作闲人。

【选家诗话】

苏步青，1902 年 9 月出生在浙江省平阳县的一个山村，考入浙江省六十中，1919 年苏步青中学毕业后赴日本留学。1927 年毕业于日本仙台帝国大学。1952 年人复旦大学数学系任教授、后任复旦大学校长。2003 年在上海逝世，享年 101 岁。主要数学成就是发现四次（三阶）代数锥面。陶渊明弃官归隐，乡情也是一大重要因素，身在复旦校园的苏步青写过不少思乡诗：

梦里家山几十春，寄将瘦影向乡亲。

何时共赏卧牛月，袖拂东西南北尘。

小鸟在天空消失的日子

[日本]谷川俊太郎

野兽在森林消失的日子
森林寂静无语，屏住呼吸
野兽在森林消失的日子
人还在继续铺路

鱼在大海消失的日子
大海汹涌的波涛是枉然的呻吟
鱼在大海消失的日子
人还在继续修建港口

孩子在大街上消失的日子
大街变得更加热闹
孩子在大街上消失的日子
人还在建造公园

自己在人群中消失的日子
人彼此变得十分相似
自己在人群中消失的日子
人还在继续相信未来

小鸟在天空消失的日子
天空在静静地涌淌泪水
小鸟在天空消失的日子
人还在无知地继续歌唱

（田原 译）

【选家诗话】

谷川俊太郎（1931— ），日本现代诗歌旗手，是当今国际诗坛最有影响的诗人之一。谷川俊太郎毕业于东京都立丰多摩高校，21岁出版了处女诗集《二十亿光年的孤独》，并因此诗集被称为“昭和时期的宇宙诗人”。其诗歌抒写的主题是“生命”“生活”和“人性”，语言简练、干净、纯粹，透出一种感性的东方智慧。

将船买酒白云边①

[唐代]李白

其二

南湖秋水夜无烟，
耐可乘流直上天。
且就洞庭赊月色，
将船买酒白云边。

其四

洞庭湖西秋月辉，
潇湘江北早鸿飞。
醉客满船歌白苎，
不知霜露入秋衣。

①原标题为《陪族叔刑部侍郎晔及中书贾舍人至游洞庭五首》。

【选家诗话】

本诗系李白58岁，与被贬谪的李晔、贾至

同游洞庭湖时所作。洞庭明月，美酒相伴，诗人飘然欲仙。魏启荣先生坦诚，今天湖北松滋出产的中华名酒“白云边”，就是典出李白诗句，美酒美诗两相酬。

李白（701—762），字太白，号青莲居士，生于西域碎叶城，（位于今吉尔吉斯斯坦楚河州托克马克市西南8公里处）4岁随父迁至剑南道绵州。李白在《上安州裴长史书》称自己：“五岁诵六甲。”（六甲，唐代的小学识字课本），他15岁已有诗赋多首，得到一些社会名流的推崇，18岁，隐居戴天大匡山（在今四川省江油县内）读书。其间四处游走，增长了不少阅历与见识。他是唐朝浪漫主义诗人，与杜甫并称为“李杜”。在中国诗歌史上，李白是一座无法逾越的高峰，李白的乐府、歌行及绝句成就最高。其绝句自然明快，飘逸潇洒。盛唐诗人中，王维、孟浩然长于五绝，王昌龄长于七绝，唯李白兼长五绝与七绝，而且同臻极境。李白61岁的一生与诗为伴，其诗风格雄奇奔放，俊逸清新，被贺知章称为“谪仙人”，杜甫评价他：“笔落惊风雨，诗成泣鬼神。”当代著名诗人、评论家余光中评价他：

酒入豪肠，七分酿成了月光，
余下的三分啸成剑气，
绣口一吐就半个盛唐。

金诗一百首

家国情怀　琴心剑胆

——家事国事天下事，事事关心。
匡扶正义，乐于奉献。
柔情似水，侠气如虹。

朱自清

煤

你在地下睡着，
好腌臜，黑暗！
看着的人
怎样地憎你，怕你！
他们说：
“谁也不要靠近他呵！……”
一会你在火园中跳舞起来，
黑裸裸的身体里，
一阵阵透出赤和热；
啊！全是赤和热了，
美丽而光明！
他们忘记刚才的事，
都大张着笑口，
唱赞美你的歌；
又颠簸身子，
凑合你跳舞的节。

【选家诗话】

朱自清，字佩弦，1898 年生于江苏东海县，1916 年考入北京大学预科。1932 年，任清华大学中国文学系主任。“自清”典出《楚辞 ·卜居》“宁廉洁正直以自清乎”。

“佩弦”出自《韩非子 ·观行》“董安于之性缓，故佩弦以自急”，意为弓弦常紧张，性缓者佩弦以自警。1948 年因胃穿孔病逝于北平。

此诗反映作者对人生、社会、道路的思考：伟大的创造力潜藏在被压迫底层的劳动人民之中，虽然它们的身体是乌黑的、赤裸的，但它发出光和热来照耀世界。讨厌煤的“腌臜”，是影射一些知识分子身上轻视工农群众的劣根性。

明朝大诗人于谦也写过一首七律《咏煤炭》，以煤自喻，托物明志，表达为国为民之抱负。

凿开混沌①得乌金，
藏蓄阳和②意最深。
爝火③燃回春浩浩，
洪炉照破④夜沉沉。
鼎彝⑤元赖⑥生成力，⑦
铁石⑧犹存死后心。
但愿苍生俱饱暖，
不辞辛苦出山林。

①混沌：古人称天地未开时“混沌如鸡子”。这里指大地。

②阳和：借指煤炭的热能。

③爝火：小火炬；煤炭带给人们温暖，就像春回大地。

④洪炉照破：炉火冲破沉沉的黑夜。

⑤鼎彝：烹饪工具。鼎：炊具；彝：酒器。

⑥元赖：原本依赖。

⑦生成力：煤炭燃烧生成的力量。

⑧铁石：古人以为地下的铁石藏于地下可变成煤炭，至死也要为主人发热造福。于谦以此表达自己的忠贞不变。

煤的对话

艾青

你住在哪里？

我住在万年的深山里

我住在万年的岩石里

你的年纪——

我的年纪比山的更高

比岩石的更大

你从什么时候沉默的？

从恐龙统治了森林的年代

从地壳第一次震动的年代

你已死在过深的怨愤里了么？

死？不，不，我还活着——

请给我以火，给我以火！

【选家诗话】

作者出身于大地主家庭，但从小同情劳动人民的疾苦，此诗以“煤”暗喻千百年来被压迫被剥削的社会底层劳动人民。表面上，以设问的形式极优美、极贴切、极深刻地刻画煤炭的形成，实际上是在反映劳动人民的命运和能量，鼓动其革命反抗。

艾青，1910 年出生于浙江金华市，1928 年考入国立杭州西湖艺术学院。1932 年在上海加入中国左翼美术联盟，随后发表《大堰河我的保姆》。1941 年赴延安参加八路军，任《诗刊》主编。1957 年被划为右派，下放黑龙江、新疆等地劳动，1979 年平反，任中国作家协会副主席、1985 年获法国文学艺术最高勋章。1996 年逝世于北京，享年 86 岁。

炉中煤

——眷念祖国的情绪

郭沫若

啊，我年青的女郎！
我不辜负你的殷勤，
你也不要辜负了我的思量。
我为我心爱的人儿
燃到了这般模样！

啊，我年青的女郎！
你该知道了我的前身？
你该不嫌我黑奴卤莽？
要我这黑奴的胸中，
才有火一样的心肠。

啊，我年青的女郎！
我想我的前身
原本是有用的栋梁，

我活埋在地底多年，
到今朝总得重见天光。

啊，我年青的女郎！
我自从重见天光，
我常常思念我的故乡，
我为我心爱的人儿
燃到了这般模样！

【选家诗话】

以精巧的构思来咏叹煤，阐释爱国爱民的大道理，共有三位广受尊崇的大师，一是郭沫若的《炉中煤》，二是朱自清的《煤》，三就艾青的《煤的对话》。

本诗是五四运动时期，青年学生那种狂飙霹雳式爱国热情的见证，其次，也是郭沫若浪漫主义作品登峰造极的一个见证。把祖国当成心爱的美女、心上的爱人，中华史上除了屈原和郭沫若，再无他人。特别是为了表现自己这种爱的炽热，作者以燃烧温度最高的煤自喻，又由煤的自喻转引出以底层劳动者自傲的黑奴的爱国形象，这一灵感可能受美国南北战争时期爱国黑奴形象的启发。一般人都是把祖国比作母亲，但作者大胆地把祖国比喻成自己铭心刻骨的女人。有论者发现在作者心中，最宝贵的是妙龄美女。当作者把祖国比喻成自己心中最宝贵的妙龄美女时，便表明此时爱国需求在他身上，已超越了孔夫子所说的“食色，性也”之根本需求。

作者郭沫若，1892年生于四川乐山，1914年留学日本，1921年，发表第一本新诗集《女神》，被认为乃中国新诗的奠基之作。1927年1月担任北伐军总政治部副主任，8月参加南昌起义，随后流亡日本十年。1937年在武汉组织了声势浩大的抗战文化运动。1949年当选为中华全国文学艺术会主席，并担任中国科学院院长，1958年出任中国科技大学首任校长，1978年因病逝世，终年86岁。郭沫若是20世纪中国的文化巨人。除了激情澎湃的浪漫主义政治诗篇，也有一些意境含蓄的抒情小诗。如脍炙人口的《瓶》中的部分诗句：

一痕新月抓破黄昏。
我默默地步入了中庭，
还不是燕子飞来时候，
旧巢无主孕满了春愁。

此诗构思精巧：夜幕的来临是月亮冒出来抓破了黄昏；也许是怀念昔日女友，燕子飞去，旧巢无主，引发春愁，一喻双关。无论虚指或实指，皆符合逻辑。

人民

[西班牙]巴切柯

你被枪毙了一万次。
你每天都在被枪毙。

你被绑到墙边。
子弹打进你的身体。

你是怎么活下来的?
他们为什么这么怕你?

(飞白 译)

【选家诗话】

巴切柯:现代西班牙诗人,他的进步诗篇曾被西班牙独裁统治者弗朗哥查禁。

被枪毙了一万次而仍然活着——因为人民是杀不完的,人民是永生的。最后一段接连使用两个反问句，清楚地显示了诗人对反动派的蔑视，对人民必胜的信念。只用六句话，把一个庞大深奥的课题诠释得一清二楚。驾驭思想，驾驭事实，驾驭题材，驾驭文字的能力，令人震惊，令人尊敬。

译者飞白，男，1949 年在浙江大学外文系求学时参军、在广州军区任职三十年，长期业余从事世界诗歌名著翻译。

即事[①]

[明代] 夏完淳

复楚情何极，
亡秦气未平。
雄风清角劲，
落日大旗明。
缟素[②]酬家国，
戈船决死生！
胡笳[③]千古恨，
一片月临城。

【选家诗话】

①即事：以当前事物为题材的诗，称即事诗。

②缟素：孝服。

③胡笳：古代流行于塞北和西域的一种管乐器。

夏完淳（1631—1647），上海松江人，明末著名诗人，少年抗清英雄。十四岁参加抗清活动，南明永历元年九月十九就义于南京，年仅十七岁，是中国五千年历史上年纪最小的华夏先烈。著有《南冠草》《续幸存录》《别云间》等，其诗以优美雄壮著称。七岁能诗文，十二岁起，从陈子龙为师，二人既是师生，又是志同道合的朋友，后来又成为共同战斗的战友，都是明代文人的杰出代表。下面是陈子龙的《潼关》：

天险东临锁地维，
重关遥夜角声悲。
莲花影照千烽出，
竹箭波回万马迟。
四塞山河归汉关，
二凌风雨送秦师。
长安游侠今无数，
仗剑还能指义旗。

无题

瞿秋白

不向刀丛向舞楼，
摩登风气满神州。
旧书摊畔新名士，
正为西门说自由。

【选家诗话】

本诗痛斥了那些不问国事，夸夸其谈、以性自由鼓吹极端个人主义的所谓社会名流。

瞿秋白 1899 年生于江苏常州，是中国共产党早期主要领导人，革命文学事业的重要奠基者。1917 年秋考入北京俄文专修馆学习，1922 年春，正式加入中国共产党。1927 年 2 月 7 日，自编《瞿秋白论文集》。1934 年担任中华苏维埃政府教育部长。1935 年 2 月被国民党军逮捕，6 月 18 日慷慨就义。瞿秋白系中国共产党大才子，鲁迅的挚友，他的诗词技艺娴熟，韵味深长。他在狱中有一首怀念武汉秋景、感叹人生磨难的《浣溪沙》：

廿载沉浮万事空，
年华似水水流东。
枉抛心力作英雄。

湖海栖迟芳草梦，
江城辜负落花风。
黄昏已近夕阳红。

春愁

[清代] 丘逢甲

春愁难遣强看山，
往事惊心泪欲潸。
四百万人同一哭，
去年今日割台湾。

【选家诗话】

丘逢甲，1864 年生于台湾苗栗县，“幼负大志”，天资聪颖，过目不忘，六七岁即能吟读属对，14 岁时赴台南应童子试，获全台第一，1887 年考中举人，同年拜唐景崧为师，1889 年中进士后辞官归乡；1894 年，甲午战争中国战败，清政府签定《马关条约》割让台湾，丘逢甲组织抗日义勇军，失败后内渡大陆支持康梁维新变法，1904 年与何子渊等革命党人于湖北黄冈筹划反清起义。1912年元旦因肺病复发，逝于河南南阳市。本诗词句极似谭嗣同的一首爱国诗：

世间无物抵春愁，
合向苍冥一哭休。
四万万人齐下泪，
天涯何处是神州！

母亲

冰冰

那手背上隆起的一根根青筋
系着我多少童年的酸辛
苦菜花开得死一般地惨
是因为粥煮得水一样清

一件“公有制”的蓝布青衫
诱你替落后有理说法现身
他们逼你的儿女困守贫穷
呀母亲，难道你真的答应？！

【选家诗话】

苦菜花还未开就被人们摘掉去充饥。改革开放前的中国人民，最大的恐惧就是饥饿。路遥《平凡的世界》对此有着最生动的描写。据有关统计数据，1960年前后的中国，有数千万人死于饥饿，其中大部分是种粮食的农民。作者冰冰，1955年生于洪湖岸边，十岁时能背诵整本《革命烈士诗抄》和《唐诗三百首》。1978 年以初中学历报考哲学研究生，改笔名为方铁，取“人生如马掌铁，磨灭方休”之意。冰冰对古敏先生的《月宫悲剧》推崇备至，师从古敏先生学写新诗，有诗集《祖国，我苦命的母亲》。冰冰诗风刚硬，但也有婉约含蓄的《夏夜之梦》：

小舟轻轻荡过湖面

生怕惊动了月儿和莲花

只有青鱼还那么顽皮

躲着偷听别人的情话……

此诗的写作技巧是：顾左右而言他，月明风清的湖面，小舟摇荡，青鱼在荷花丛中绕游……诗句对湖上絮语的恋人，一字不述。

冰冰深受闻一多诗风影响，在探索新诗的格律韵味和音乐节奏方面颇见功力，其代表作是爱情叙事诗：

沉重的挂牵

看见你，被簇拥着推进囚车，

转眼消散成淡蓝的尾烟，

一时间我什么也没有明白，

待明白已经是整整十年。

我真糊涂，竟忘了

和你挥手道别。

法庭上，你仍那么傲岸刚烈，
时而冷笑不语，时而滔滔不绝；
你悲愤的目光如电如剑，
没有一个人敢和你正眼相接；
你哪里知道，你前面
一切都已艰难如铁。

一抬脚，你去了一个远远的劳改队，
来信那么轻巧，仿佛全无一丝苦味；
我带着大包小包车船千里，
到了监狱却被告知不准见面。
我真恨你：你咬一咬牙就可渡过所有的河，
我狠了又狠心，却始终放不下沉重的挂牵。

想象你，怎样地拖着疲惫，
一步步挣扎在火炉似的砖窑内。
一身赤膊支撑着你的春夏秋冬，
一窑砖瓦要吞噬你多少艰难血汗。
那涔涔流淌的哪是你的汗水，
分明是我肝肠寸断的青春血泪！

都说你，一直不肯低头认罪，
一年要关半年的禁闭；
镣铐都被你磨得瘦骨嶙峋，
你还说我不入地狱谁入地狱！

假如这是真的，你心头
只怕是终年泪下如雨。

听见你，脚步从当年远远走回，
到了我窗前却低首徘徊踌躇不前。
你男儿的自尊还是那般要强，
到了人梦边却不肯主动相见。
你可知道，黑夜里
人家怎样紧咬被角，珠泪涟涟……

幻想你，有一天会创造奇迹，
拨一个电话给我：一切都已过去。
你依然在那张书桌前赶写文章，
穿一件白衬衣，又生动又文静；
我又可以傍守你编织毛衣，
偷偷打量你眉宇间那股迷人的英气……

此诗每段六行，每段首行以三个字起句，每段格律节奏相同。每段一个故事场景，如蒙太奇画面叙事。人物形象丰满，虽情感内敛语言简约，但故事性极强，如同一部电影分镜头剧本。刻画人物的技法，如同鲁迅小说的《药》。主人公从未露面，其一代思想青年形象的才情和性格，却跃然纸上，栩栩如生。此即古人所谓：“不着一字，尽得风流”的间接表现法。

囚徒歌

林基路

我噙泪低吟民族的史册，
一朝朝，一代代，
但见忧国伤时之士，
赍（jī）志含泪赴刑场。
血口獠牙的豺狼，
总是跋扈嚣张。

哦！民族，苦难的亲娘！
为你那五千年的高龄，
已屈死了无数的英烈。
为你那亿万年的伟业，
还要捐弃多少忠良！
铜墙，困死了报国的壮志，
黑暗，吞噬着有为的躯体，
镣链，锁折了自由的双翅，

这森严的铁门，囚禁着多少国士！
豆萁相煎，便宜了民族仇敌。
无穷的罪恶，终要叫种恶果者自食，
难闻的血腥，用噬血者的血去洗。

囚徒，新的囚徒，坚定信念，贞守立场！
砍头枪毙，告老还乡；
严刑拷打，便饭家常。
囚徒，新的囚徒，坚定信念，贞守立场！
掷我们的头颅，奠筑自由的金字塔，
洒我们的鲜血，染成红旗，万载飘扬！

【选家诗话】

林基路，原名林为梁，1916 年生于广东台山县。1933 年加入中国共产主义青年团。17 岁去日本留学，次年担任中国共产党东京留学生支部书记。1937 年回国参加抗日战争，1938 年 2 月，林基路被派遣到新疆任阿克苏专区教育局长、库车县县长等职。1942 年 9 月，被军阀盛世才诬陷为“叛国罪”逮捕。严刑逼供下坚贞不屈，在狱中写下浩气如同天山高耸的《囚徒歌》。1943 年 9 月，林基路与陈潭秋、毛泽民等英勇就义，年仅 27 岁。

只念过小学，但以长篇小说《母亲》《童年》《我的大学》享誉世界的俄国作家高尔基，也写过一首风格幽默的《囚徒歌》：

太阳出来又落山哪，
监狱永远是黑暗！
守望的狱卒不分昼和夜，
嗒哎嗬，站在我的窗前！
高兴监视你就监视，
我决逃不出牢监！
我虽然生来喜欢自由，
嗒哎嗬，挣不脱千斤锁链！

亡国叹[①]

[后蜀] 花蕊夫人

君王城上竖降旗，
妾在深宫那得知？
十四万人齐解甲，
更无一个是男儿。

①原标题为《述国亡诗》。

【选家诗话】

本诗一扫女诗人以往宫词的奢靡之风，表达亡国之恨和悲痛的爱国之情。千年后的秋瑾可能受此诗末两句感染，写下《满江红》中的名句：身不得，男儿列。心却比，男儿烈！

作者花蕊夫人，五代十国时期女诗人，幼能文，尤长于宫词，蜀中四大才女（花蕊飞人，薛涛，卓文君，黄娥）之一，留有《花蕊夫人宫词》。值得注意的是，薛涛还是唐代四大女诗人（薛涛，李冶，鱼玄机，刘采春）之一，曾写下《咏竹》：

南天春雨时，那鉴雪霜姿。
众类亦云茂，虚心能自持。（节选）

慷慨歌

王孝锡

慷慨歌太平，
从容作楚囚。
暴刀逞一快，
何惜少年头。

【选家诗话】

作者王孝锡，1903 年出生于甘肃宁县，1924 年考入国立西北大学，1926 年加入中国共产党。次年受刘伯坚、邓小平派遣，以国民党特派员身份为掩护，进入兰州组建中共兰州特别支部和中共宁县支部，1928 年 11 月，被国民党“剿匪”司令部逮捕处决。

此诗与汪精卫的绝命诗句型相似。1910 年汪精卫刺杀摄政王载沣未遂，被捕后口占绝命诗，其慷慨悲歌，视死如归的精神震慑了清廷王公乃至慈禧太后，因而没有判其死刑。其中最著名的四句为：

慷慨歌燕市，从容做楚囚。

引刀成一快，不负少年头。

被孙中山誉为“革命党少年英雄”的汪精卫，最后为了和蒋介石分庭抗礼，在日军侵略中国时投靠日本，当了汉奸。由英雄开始，到狗熊结局；一段人生悲剧，警醒世人。

慷慨是一种情怀，慷慨也是一种境界，还有一位革命烈士陈法轼临刑前也写过一首慷慨歌：

磊落生平事，临刑无点愁。

壮怀犹未折，热血拼将流。

慷慨为新鬼，从容做死囚。

多情惟此月，再照雄心酬。

陈法轼1917年生于贵阳贫民家庭，1937年考入贵州省邮政局，1938年加入中国共产党，在贵州邮电局发展中共秘密组织。1941年被国民党军统逮捕，次年6月遇害，时年25岁。

一句话

闻一多

有一句话说出就是祸，
有一句话能点得着火。
别看五千年没有说破，
你猜得透火山的沉默？
说不定是突然着了魔，
突然青天里一个霹雳
爆一声：
“咱们的中国！”

这话叫我今天怎样说？
说出来你不相信也可，
等火山按不住了缄默，
岩浆就会跳出地面唱歌
到那时不要伸舌头顿脚

听那青天里霹雳凌空
爆一声：
“咱们的中国！”

【选家诗话】

“五四”以来的新诗中，闻一多的诗以格律严谨、音韵精美而著称，他提出新诗要有三美：建筑美，即诗行排列的形式美；音乐美，词句要有韵律有节奏；绘画美，辞藻鲜明有色彩感。

闻一多，1899 年生于湖北浠水县，10 岁考入两湖师范附属高等小学。13 岁以湖北省第一名考入北京清华留美预备学校（清华大学前身），1921 年与梁实秋等人发起清华文学社。1923 年出版第一部诗集《红烛》，1925 年在美留学期间创作《七子之歌》。1928 年出版第二部诗集《死水》。1932 年任清华大学中文系教授。1946 年 7 月在云南昆明被国民党特务暗杀。

挽刘道一

孙中山

半壁东南三楚雄，
刘郎死去霸图空。
尚余遗业艰难甚，
谁与斯人慷慨同。
塞上秋风悲战马，
神州落日泣哀鸿。
几时痛饮黄龙酒，
横揽江流一奠公。

【选家诗话】

刘道一，湖南湘潭人，1905年与其兄刘揆一，在日本参加同盟会。1906年秋，萍浏醴起义计划暴露，在长沙被捕遇害，成为留日学生中因反清革命的第一

个牺牲者。三楚，古人有西楚，东楚、南楚之说，约包括今江苏西部，江西、湖南、湖北一带。奠，祭奠。

作者孙中山（1866—1925），中国近代民主主义革命的开拓者和伟大先行者，中华民国和中国国民党缔造者，三民主义的倡导者。1905 年成立中国同盟会，1911 年辛亥革命推翻清朝统治，被推举为中华民国临时大总统，1925 年 3 月 12 日在北京因病逝世，后葬于南京紫金山中山陵。著有《建国方略》《孙中山全集》等。孙中山的小学、中学、大学都是在外国英语学校读的，但他的七言律诗工整流畅，音节分明，其汉语言文学水品之高令人惊叹。孙中山的战友黄兴，虽以武将名世，但诗词功力亦令专家诚服。刘道一牺牲，黄兴也捶胸顿足，赋诗当哭：

英雄无命哭刘郎，
惨澹中原侠骨香。
我未吞胡恢汉业，
君先悬首看吴荒。
啾啾赤子天何意，
猎猎黄旗日有光。
眼底人才思国士，
万方多难立苍茫。

黄兴（1874—1916）中华民国开国元勋，辛亥革命时期的先驱和领袖，幼年便受明末湖南大学者王夫之的影响。1898年，湖广总督张之洞推荐，入武昌两湖书院读书，1902年，被派赴日本留学。1905年与孙中山共同发起领导同盟会，世称“孙黄”。亲自组织广州黄花岗起义，武昌起义爆发后，赶到武汉担任革命军战时总司令。1912年任南京临时政府陆军总长。1916年，因病在上海去世，葬于长沙岳麓山。

他的诗词既有威武雄壮的铁血情怀，也有咏叹美人的深沉婉转。

七绝一首

微步轻盈不动尘，
绣罗为幕锦为茵。
春风一曲清平调，
十二楼头第几人。

过三闾庙

[唐代] 戴叔伦

沅湘流不尽，
屈宋怨何深。
日暮秋烟起，
萧萧枫树林。

【选家诗话】

三闾庙，是纪念春秋时楚国三闾大夫屈原的庙宇。沅湘，指湖南的沅江和湘江。作者戴叔伦，唐代诗人，年轻时师从名士萧颖士。论诗提倡意境，自我解释道：“诗家之境，如蓝田日暖，良玉生烟，可望而不可置于眉睫之前”。

戴镣行

刘伯坚

戴镣长街行，
蹒跚复蹒跚，
市人争瞩目，
我心无愧怍。

戴镣长街行，
镣声何铿锵，
市人皆惊讶，
我心自安详。

戴镣长街行，
志气愈轩昂，
拼作阶下囚，
工农齐解放。

【选家诗话】

刘伯坚，1895 年生于四川平昌县。曾就读于成都高等师范学堂。1920 年在法国和比利时勤工俭学，与周恩来、赵世炎等共同组建了旅欧共青团，后转为共产党员。1923 年赴苏联东方劳动者大学学习。1926 年回国任冯玉祥西北军总政部主任。1927 年后被派往苏联军政大学，1934 年中央红军长征后，在苏区坚持斗争，战斗中受伤被俘，国民党将其戴镣游街示众后杀害。

红十军团总指挥方志敏、军团长刘畴西就义前在狱中戴着镣铐

岳武穆祠

[明代]柳如是

钱塘曾作帝王州，
武穆遗坟在此丘。
游月旌旗伤豹尾，
重湖风雨隔髦头。
当年宫馆连胡骑，
此夜苍茫接戍楼。
海内如今传战斗，
田横墓下益堪愁。

【选家诗话】

岳飞冤死平反后，宋孝宗赐予褒奖称号“武穆”，即武术精深且人格正派。本诗为作者在西湖岳王庙所作：杭州曾是南宋都城，精忠报国的大将军岳飞也墓葬在此；外族侵略中原，气焰嚣张威胁南宋皇城之安危，岳飞率兵一马当先，在洞庭湖击败金兵入侵主力；金朝的劝降使者那时骑着马，大摇大摆地穿行于南宋皇城街市，苍茫夜色令人联想到当年城防哨楼的紧张气氛；当今国家又面临外族入侵，正是生死存亡的关头，战国时率五百齐国壮士誓死不降的田横，墓中看到今日望风溃败之危难，情何以堪。

作者柳如是，明末女诗人，原名柳隐。因读辛弃疾《贺新郎》：“我见青山多妩媚，料青山见我应如是”，故改名柳如是。其幼年家贫，被卖入青楼，但天性正直聪颖，勤奋好学，诗词文章，琴棋书画，一学就会，一点就通。特别是身处烟花之林，心崇浩然之气，虽一介市井弱女子，却满身男儿豪侠风，真真称得起出淤泥而不染；箫心剑胆，家国情怀，成数百年来一段传奇。

柳如是名列秦淮八艳之首，美女爱英雄，17岁时爱上文武双全，名重江南的27岁才子陈子龙。同居六年，相亲相爱，但陈母誓言：决不让柳嫁入陈家。见婚嫁无望，24岁的柳如是终于接受了钱谦益的迎娶，年过六旬的钱谦益不仅是东林党魁，也是公认的江南诗坛领袖。钱谦益为柳如是的才 貌所折服，而柳如是心目中，钱谦益的学问与人品均属英雄典范。不料，1645年清军占领江南，柳提出和钱一起在自家花园投水自尽，以显示忠贞不屈的士林领袖风范。见钱谦益临池贪生，柳又气又羞，跃身投水。不料，钱命家丁将柳从水中救起。钱谦益后来投降清朝，做了礼部侍郎兼翰林学士，其后抑郁而死。乾隆皇帝挖苦其为“二臣之首”，钱家族人为抢占家产，合谋逼走柳如是，柳为捍卫尊严，愤而上吊自尽，终年 46 岁。有学者提出，柳如是的社会责任意识和“女侠”风格，令许多后代知识女性仰慕，鉴湖女侠秋瑾的诗风似也受其影响。

抗战述怀（节选）

赵一曼

一世忠贞兴故国，
满腔热血沃中华。
白山黑水除敌寇，
笑看旌旗红似花。

【选家诗话】

作者赵一曼，女，中共历史上与杨靖宇齐名的抗日民族英雄，四川宜宾人。1926年春考入宜宾女子中学（现宜宾二中），积极参加妇女解放运动，加入中国共产党，被选为宜宾妇联主席。1926年秋考入黄埔军校武汉分校（武汉中央军事政治学校），1927年被送到莫斯科中山大学学习，1928年冬被派到东北沈阳从事工人运动。1935年在东北抗日联军第三军二团任政委，日伪报纸惊叹赵一曼“红枪白马，武艺高强”，1935年负伤被捕，1936年英勇就义。

狱中诗两首

林正良

狱中斥法官（节选）

思想自由偏犯罪，
救亡努力反殃身。
河山破碎扶桑恨，
祸起萧墙耻用兵！

狱中勉诸儿（节选）

歌成正气文相国，
冰结坚甲史阁公。
千古英雄承母教，
圣贤事业盼追踪。

【选家诗话】

扶桑，日本国的别称。

祸起萧墙，内部争端。

第二首主要讲：宋朝丞相文天祥，被外族俘虏后，写有名诗《正气歌》；明朝将军史可法数九寒冬，依然身披铠甲和敌军拼杀，被俘后誓死不降。英雄品德离不开母亲的教诲，伟大事业需要后辈继承。

作者林正良，贵州金沙县人，毕业于贵州师范学校，曾组织读书会，创办金沙中学，任中共金沙县党总支书记。1940 年被国民党军统局逮捕，一年后遭杀害，时年 33 岁。

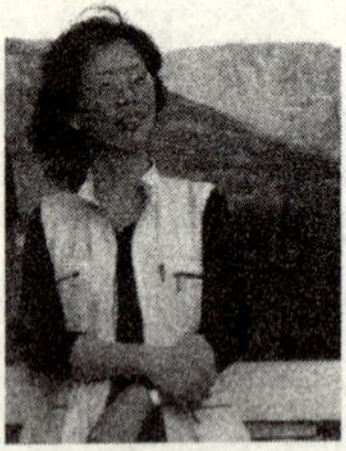

舒婷诗三首

舒婷

一代人的呼声（节选）

我绝不申诉
我个人的不幸
错过的青春
变形的灵魂
无数失眠之夜
留下来痛苦的记忆
我推翻了一道道定义
我打碎了一层层枷锁
心中只剩下
一片触目的废墟……
但是，我站起来了
站在广阔的地平线上
再没有人，没有任何手段
能把我重新推下去

也许——答一位作者的寂寞

也许我们的心事
总是没有读者
也许路开始已错
结果还是错
也许我们点起一个个灯笼
又被大风一个个吹灭
也许燃尽生命烛照黑暗
身边却没有取暖之火

也许泪水流尽
土地更加肥沃
也许我们歌唱太阳
也被太阳歌唱着
也许肩上越是沉重
信念越是巍峨
也许为一切苦难疾呼
对个人的不幸只好沉默

也许
由于不可抗拒的召唤
我们没有其他选择

献给我的同代人

他们在天上
愿为一颗星
他们在地上
愿为一盏灯
不怕显得多么渺小
只要尽其可能

唯因不被承认
才格外勇敢真诚
即使像眼泪一样跌碎
敏感的大地
处处仍有
持久而悠远的回声

为开拓心灵的处女地
走入禁区，也许——
就在那里牺牲
留下歪歪斜斜的脚印
给后来者
签署通行证

【选家诗话】

第一首表现了文革后一代思想青年的悲愤心理。第二首表现了思想青年的悲壮情怀。第三首表现了思想青年的某些遭遇。

作者舒婷，原名龚佩瑜，朦胧诗派代表人物。1952 年出生于福建石码镇，1964 年考入厦门一中，1969 年下放农村，1972 年返城当建筑工人，1979 年在《诗刊》发表《致橡树》《祖国啊，我亲爱的祖国》，从此由“地下诗人”获得官方身份。1983 年加入中国作家协会。2013 年再次当选厦门文联主席。

舒婷用整整三首诗倾诉的这一代人的命运，被顾城用两句诗就归纳完毕：

黑夜给了我黑色的眼睛，
我却用它来寻找光明 。

绝命诗

续范亭

赤膊条条任去留，
丈夫于世何所求？
窃恐民意摧残尽，
愿把身躯易自由。

【选家诗话】

绝命诗：以诗的形式所做的遗书，多用来表明心志。

赤膊条条任去留：人赤身裸体出生，就如古人云：生不带来，死不带去。

续范亭（1893—1947），早年曾入同盟会，1925 年后任国民军（冯玉祥的西北军）旅长、国民军军政学校校长。“九一八”事件后积极要求抗日，对蒋介石委员长一党独裁，压制抗日民主言论，悲愤填膺。1935 年冬在南京拜谒中山陵，留下绝命诗后剖腹自杀，后被人发现遇救脱险。此事轰动南京，一家上海私人报馆突破国民党禁令，刊登了续范亭躺卧病床的照片和绝命诗手迹，举国震惊。主张抗日的张学良赶到医院看望，张深感主持军政的蒋介石先生既不为自己的“哭谏”所动，也不为续范亭“血谏”所动，因而心生另谋。续范亭 1941 年春被中共中央接到延安疗养，1947 年病逝于山西，留有《续范亭诗文集》。续范亭“贬蒋褒毛”，《赠毛主席》一诗写道：“领袖群伦不自高，静如处子动英豪。先生品质难为喻，万古云霄一羽毛。”续范亭病逝后毛泽东也亲撰挽联：“为民族解放，为阶级献身，事业垂成，公胡遽死？有云水襟怀，有松柏气节，典型顿失，人尽含悲。”

为祖国而歌（节选）

陈辉

我，
埋怨，
我不是一个琴师。

祖国啊，
因为
我是属于你的，
一个大手大脚的
劳动人民的儿子。

我深深地
深深地
爱你！
……
我也不会
骑在牛背上，

弄着短笛。
也不会啊，
在八月的禾场上，
把竹箫举起，
轻轻地
轻轻地吹；
让箫声
飘过泥墙，
落在河边的柳阴里。

然而，
当我抬起头来，
瞧见了你，
我的祖国的
那高蓝的天空，
那辽阔的原野，
那天边的白云
悠悠地飘过，
或是
那红色的小花，
笑眯眯地
从石缝里站起。

我的心啊，
多么兴奋，
有如我的家乡，
那苗族的女郎，
在明朗的八月之夜，
疯狂地跳在一个节拍上，
……
我高歌，
祖国啊，
在埋着我的骨骼的黄土堆上，
也将有爱情的花儿生长。

【选家诗话】

陈辉是作为红色游击队长的诗人，作为抗日英雄，留名史册的。他 1920 年生于湖南常德，1937 年上高中时加入共产党，1938 年奔赴晋察冀边区。牺牲前任涞涿县武工队政委。1945 年，因叛徒出卖，100 多名日伪军把陈辉围困在涿县韩村。因寡不敌众，陈辉拉响了最后一颗手榴弹，壮烈牺牲，年仅 24 岁。史家评论说：一手拿枪、一手拿笔，奋不顾身和侵略者作战，这难道不是最美的诗吗？

续成民主自由诗

谢士炎

人生自古谁无死，
况复男儿失意时。
多少头颅多少血，
续成民主自由诗。

【选家诗话】

谢士炎（1912—1948），湖南双峰县人，1937年考入国民党陆军大学。1940年毕业后任国民党团长。1945年8月日本投降，谢被派往武汉负责接收日伪部队，亲眼目睹国民党接收日伪财产的贪污腐败，政治立场趋向共产党。1947年2月，叶剑英介绍其秘密加入共产党。谢利用参与国民党高级军事会议的机会，向共产党提供了一系列重要军事情报，使国民党军屡屡败北。

1947年9月，由于叛徒出卖被捕，面对刑讯逼供，始终不吐真言。1948年11月被国民党军事法庭判处死刑，年仅36岁。

致西伯利亚的囚徒

[俄国] 普希金

请坚持你们殷切的期待
在西伯利亚深深的矿井中
你满怀的深情绝非徒然
希望和理想也不会落空
……
那沉重的枷锁将会被砸碎
弟兄们将奉还你们的宝剑
自由如同春风般打开牢房
我们将重新欢聚一堂

（方铁 译）

【选家诗话】

此诗作于 19 世纪 30 年代，是给流放到西伯利亚的“十二月革命党人”的献诗，他们是一批俄罗斯贵族青年军官，家里有庄园和农奴，但他们却反抗沙皇专制，要求实现民主，解放农奴。

作者普希金，俄国最伟大的诗人之一，其作品是世界诗歌史上的一座高峰。生于贵族家庭，反抗沙皇专制，两度被流放，坚贞不屈，最终陷入沙皇阴谋与人决斗而死，年仅 38 岁。他 8 岁时学习用法语写诗，农奴出身的保姆常给他讲述俄罗斯的民间传说，丰富了他的创作资源。其代表作除了《自由颂》《致大海》，还有一首《假如生活欺骗了你》也脍炙人口。

假如生活欺骗了你，
不要忧郁，也不要愤慨！
忧郁的日子里需要镇静：
相信吧，
快乐的日子将会来临。
心儿永远向往着未来；
一切都是瞬息，
一切都将会过去；
而那过去了的，
就会成为亲切的怀恋。

（方铁 译）

惊悉意大利军舰闯入浙江

康有为

凄凉白马市中箫，

梦入西湖数六桥。

绝好江山谁看取?

涛声怒断浙江潮。

【选家诗话】

康有为1858年生于广东省南海县，人称康南海，清末进士。1898年与弟子梁启超合作戊戌变法，由于袁世凯告密，事败出逃。辛亥革命后回国主编《不忍》杂志，1927年去世。

客居台湾集唐人诗句怀故乡

许绍棣

几多人物在他乡，
枕绕泉声客梦凉。
白首思归归不得，
海天东望夕茫茫。

【选家诗话】

许绍棣(1900—1980)，浙江临海市张家渡人，与著名科学家许良英同乡同宗祖。1928年起，历任浙江省立高级商业学校（现为浙江工商大学）校长，国民党浙江党部宣传部长，浙江省教育厅长，提出“教育之基础，奠自小学，而小学之良莠，端在教师，故师范专业训练，实最重要”。1949年后客居台湾，长期担任政府立法委员。

本诗第一句出自唐代诗人顾非熊的《出塞即事》“贺兰山便是戎疆，此去萧关路几荒。无限城池非汉界，几多人物在胡乡。”第二句出自唐代诗人杜牧《题青云馆》“云连帐影萝阴合，枕绕泉声客梦凉。”第三句出自唐代诗人郢州刺史郎士元《郢城秋望》“白首思归归不得，空山闻雁雁声哀。”第四句出自诗人白居易《江楼夕望招客》“海天东望夕茫茫，山势川形阔复长。”

金诗一百首

忧患使命 孝悌仁爱

——人生识字忧患始。胸怀使命，
爱祖国从爱故乡开始，
爱人民从爱亲人开始。

孤桐

[宋代] 王安石

天质自森森，
孤高几百寻。
凌霄不屈己，
得地本虚心。
岁老根弥壮，
阳骄叶更阴。
明时思解愠，
愿斫五弦琴。

【选家诗话】

愠（yùn），怨恨。

斫（zhuó），砍。

后院一棵老桐树，枝叶茂盛，众树中只有它是一棵桐树，但它并不因孤独而示弱，迎合别人压抑自己的生长。它枝干笔挺，高耸云霄，身处优质土壤，并不洋洋自得，内心保持谦虚的空间。年岁使它根深树壮，阳光使它枝繁叶茂。深盼有机会得到识用，被木工制成替人抒情言志、消愁解怨的五弦琴。作者当时推行政治改革，众多官员反对，此诗以泡桐树隐喻自己的人格志趣。

作者王安石，今江西抚州人，北宋著名政治改革家，人称“拗相公”。诗风含蓄深沉、委婉不迫，以丰神远韵的风格在北宋诗坛自成一家，世称“王荆公体”。有《王临川集》《临川集拾遗》等存世。

青年

[俄国]马雅可夫斯基

不，
那些
不是“青年”
他们
只会在
温暖的阳光下
装模作样扭动肢腰
他们
只会在
春夜的晚风中
灌漱烧酒打情骂俏
让青春的时光
虚幻成苍白的喧嚣
青年
是一种品格

青年
是一种力量
青年
是给那些正在
为人类战斗的人
光荣而崇高的称号

（方铁 译）

【选家诗话】

马雅可夫斯基（1893—1930），著名俄国诗人。代表作长诗《列宁》，描写列宁的一生和劳动人民对列宁的深厚感情。他的戏剧艺术成就极高，其喜剧讽刺小市民，揭露丑陋的官僚主义嘴脸。作者在90年前用诗告诉人们怎样才配得上“青年”这个称号。

奶奶

——她相信心可以铺路

车延高

奶奶老了，83岁，牙在晃，身子也晃
奶奶的背是被日子压弯的，她认了，
她知道岁月的心肠很硬，扭不过来
她只在回忆时走回去，看一看过去的自己
那一对辫子，那一双眼睛，还有
可以淹死人的酒窝，一切都在眼前
还没走远，但又离得很远很远
她不相信梦，只相信镜子里居住的自己
她知道满头的白发也会像雪一样埋掉一切
就像皱纹正在一点一点把自己的当年埋掉
她忘了害怕，忘了一个老人唯一的孤独，
手里，拐杖站得笔直，撑着她的晚年
她每天都要去村口张望，不管刮风下雨
就那么站着，目光走得比路远

天晴的时候，阳光会很细心地打扮奶奶
把迎春花打开，让沉重的皱纹栩栩如生
村里的人知道奶奶在等，那条路
是儿子归来必经的路，奶奶等惯了
她相信心可以铺路，一天只有一厘米
她和拐杖一起站着，站成了一种慈祥
太久了，脚下的土地就有了伟大母爱

【选家诗话】

车延高，1956年生于山东莱阳，由部队报务员转业到武汉，后进入纪检部门。1976年10月加入中国共产党，党校研究生学历，经济学博士。1977年开始文学创作，写诗写杂文，与鄢烈山、朱健国等结为文友。后加入中国作家协会，2010年，获第五届鲁迅文学奖诗歌奖，有诗集《向往温暖》等。有诗家点评说：

五更灯火漫嗟吁，
身在高官情在诗。
红眼铄金由它去，
一枝一叶心系之！

不要挤

[英国] 狄更斯

你，不要挤！
世界那么大，
它容纳得了我，
也容纳得了你。
所有的大门都敞开着，
思想的王国是自由的天地。
你可以尽情地追求，
追求那人间最好的一切。
只是你得保证，
保证你自己不使别人感受压抑。
不要把善良从心灵深处挤走，
更得严防丑恶偷偷潜入你心底。
给道德以应有的地位，
给每一件好事以恰当的鼓励；

让每一天成为一项严峻的记录，
面对着它，
你应当问心无愧；
给人们生的权利，
活的余地，
可千万，
千万别挤！

（薛菲 译）

【选家诗话】

思想的王国是自由的天地。诗人热情地鼓励人们去追求人世间最美好的一切，但同时告诫不要因此而损害了别人的利益。

作者狄更斯，英国批判现实主义文学的杰出代表。出身贫寒，1836 年出版第一部长篇小说即成名作《匹克威克外传》，其后凭借勤奋和天赋创作出《艰难时世》《双城记》等一系列名著。马克思把他和萨克雷等称为英国的“一批杰出小说家”。

仙人掌

流沙河

她不想用鲜花向主人献媚，
遍身披上刺刀。
主人把她逐出花园，
也不给她水喝。
在野地里，
在沙漠中，
她活着，
繁殖着儿女……

【选家诗话】

流沙河（1931— ），原名余勋坦，四川金堂县人。他和文学家张贤亮的经历极其相似。高中时开始发表作品。50年代初任编辑开始写诗。1956年出版第一部诗集《农村夜曲》。参与创办诗刊《星星》，1957年1月发表散文诗《草木篇》，惊动文坛。不久即遭到公开批判，罪名是“站在已被消灭的阶级立场”上，“向人民发出挑战书”，接着被定为右派，遣送原籍劳动，当了12年锯木工。70年代末获平反后，仍然以诗歌为主，反映以往的生活遭遇和心理体验，1982年结集为《流沙河诗集》。范朴真先生说流沙河表现了四川文化的风格，四川人特有的辛辣、自嘲、幽默、智慧。并写了一首藏头诗感叹流沙河的命运：

流金岁月滤沧桑，沙石飞卷旧时光，

河汉曾经草木秀，清风无痕自留香。

本诗中的“仙人掌”刚直正派，不巴结、不献媚，遭到主人惩罚，被驱逐到恶劣的荒野，艰难而顽强地存活着，繁殖儿女。

成仁诗

王之燕

浩气永长存，
丹心照万古。
生前未了事，
留与后人补！

【选家诗话】

王之燕1915年生于河北束鹿，1935年考入北平民国大学并参加了著名的“一二 ·九”运动，1938年参加新四军，1939年秋加入中国共产党。在皖南事变中被国民党军俘获，1942年6月在赤石大屠杀时英勇就义。

“不成功便成仁”，是中华民族代代相传的烈士文化心理。中共烈士朱也赤牺牲前也有一首著名的成仁诗：

愁云惨雾罩南粤，
志士成仁飞赤血。
浩气长存宇宙间，
耿耿丹心昭日月。

朱也赤1899年生于广东茂名农民家庭，后考入广东高等师范学校，是粤西最早的中共领导人和农民运动领导之一，1925年加入中国共产党。在国共合作期间，以中共、农民协会和国民党要人三重身份领导全县革命工作。1928年12月在湖北襄樊被国民党逮捕杀害。

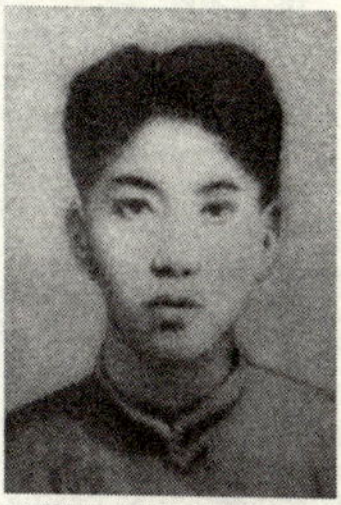

我要

田波扬

我要放出更强烈的火光，
照破人世间的虚伪和欺诈。
我要锻炼成尖锐的小刀，
刺穿人与人之间的隔膜。

【选家诗话】

田波扬（1904—1927）湖南浏阳人，湖南青年学生运动领导人，革命烈士。1922 年与潘心源等同学，成立进步青年学生组织浏北新民社，并创办《新民》杂志，与潘心源共同主编。1923 年 5 月加入中国共产党，1924 年冬，和潘心源回浏阳北区，成立了第一个中共农村特别支部。1927 年 5 月在马日事变中被捕，并于 6 月 6 日被杀害。

我

冯玉祥

平民生　平民活
不讲美　不要阔
只求为民　只求为国
奋斗不懈　守诚守拙
此志不移　誓死抗倭
尽心尽力　我写我说
咬紧牙关　我便是我
努力努力　一点不错

【选家诗话】

作者冯玉祥（1882—1948），字焕章，安徽巢县人。曾先后任北洋陆军第十六混成旅旅长，第十一师师长，陕西、河南督军及陆军检阅使等职。九一八事变后，因不满蒋介石的对日政策，曾息居泰山数年。后任国民党政府军事委员会副委员长。抗战胜利后，与中共持合作态度，1946年出国考察水利，1948年中共邀其回国参加政治协商。途中，至黑海时因轮船失火遇难。

此诗作于1940年5月，现刻在泰山冯玉祥墓的石壁上。冯一生写了1400首诗，都是有感而发，质朴如话，憎爱分明的口语诗体。他自嘲道："我的诗，粗而且俗，和雅人们的雅诗不敢相提并论。因此，我只好叫做丘八诗。"冯玉祥经常带头植树，被群众尊为"植树将军"。屯兵徐州时，曾作护林诗一首：

老冯驻徐州，
大树绿油油；
谁砍我的树，
我砍谁的头。

冯玉祥每到一地，必寻该处地方志仔细阅读。1944年3月路经合江，当晚找来《合江县志》秉烛夜读，知道全县有寺庙408座，1931年以后，又增修了198座，感慨系之，写诗一首：

我读合江县志书，一夜未曾合眼珠。
原有大庙四百座，增修一百九十处。
我们科学不进步，这样迷信太马虎。
看重空想不实际，何时才能收失土。
此事革命应当做，敷敷衍衍太糊涂。

许多人都知道毛泽东的名文《纪念白求恩》，却不知道冯玉祥也有一首《悼白求恩大夫》的诗：

一位外国人，名叫白求恩，

来自加拿大，不辞苦和辛。

为我独立战，矢志献其身，

服务在前线，救伤又治病。

意志何坚毅，博爱火热心。

医术也高妙，着手即回春。

举世皆敬崇，伟大垂不朽……

周恩来曾对冯玉祥说："丘八诗体为先生所倡，兴会所至，嬉笑怒骂，皆成文章。"

冯玉祥（左）蒋介石（中）阎锡山（右）的合影

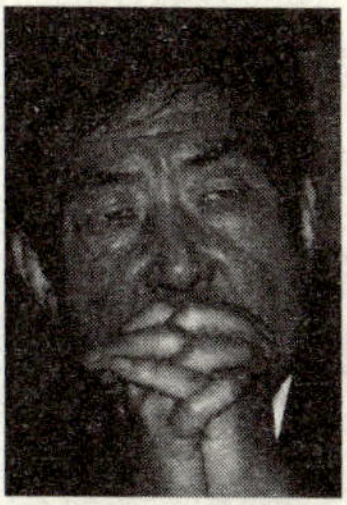

相信生命

郭路生

当我饱尝了人世的艰辛，
在儿孙的环绕下辞别人世
我将在临终前用最大的气力
大声而清晰地呼喊：相信生命！

当我被囚禁在黑暗的牢房，
还能忍受苦刑之后的疼痛
我会挣扎着爬起，
贴着牢门的风窗，
执着而顽强地呼喊：相信生命！

我可以如此坚定的相信生命，
是相信我心中永不熄灭的热情
相信我生命中的分分秒秒
那难免的失败和注定的成功

我有决心，用痛苦作砝码
我有信心，以人生为天平
我要称出一个人生命的价值
让后代以我为榜样：相信生命！

假如人类的子孙将繁衍不绝
假如时空在变幻而物质不灭
假如有冬必有春，有血必有花
我就有理由相信未来，相信生命。

【选家诗话】

作者郭路生，笔名食指，1948年出生于高干家庭。因母亲是在行军途中分娩，故取名路生。小学时开始创作诗歌，1969年，文革的红色恐怖笼罩北京，已下放农村的郭路生，写下长诗《相信未来》，该诗以手抄本的形式在知识青年中飞速流传。著名作家阿城当时插队内蒙古，专门托人抄录郭路生的全部诗作；著名导演陈凯歌考电影学院时曾朗诵食指的《写在朋友结婚的时候》。2001年，郭路生与已故诗人海子，共同获得第三届人民文学诗歌奖。

对酒

秋瑾

不惜千金买宝刀，
貂裘换酒也堪豪。
一腔热血勤珍重，
洒去犹能化碧涛。

【选家诗话】

此诗表现轻视金钱的豪侠性格和杀身成仁的革命精神。作者秋瑾，别号鉴湖女侠，1875 年出生于富裕家庭，能诗善文，嫉恶如仇。19 岁时，父母将其嫁给官商门第湘潭首富王廷钧。当时，清政府被迫与日本签订割让台湾的《马关条约》，深深刺激了秋瑾，由此萌发爱国革命思想。1904 年她毅然抛家别子到日本留学，1905 年，说服蔡元培、徐锡麟等，率光复会集体加入孙中山为总理的同盟会，1906 年底，徐锡麟赴安徽谋划安庆起义，秋瑾接办大通学堂，筹备光复军。1907年7月，被安徽巡抚恩铭委任为警察总监的徐锡麟，为推翻帝制，大义灭恩，挺身刺杀恩铭时壮烈牺牲。徐在赴安徽前曾赋诗一首

军歌应唱大刀环，
誓灭胡奴出玉关。
只解沙场为国死，
何须马革裹尸还。

得知徐锡麟牺牲，秋瑾悲愤填膺，心肝欲裂，坐候缉拿，拒不逃亡。一周后，清兵包围绍兴大通学堂，秋瑾在古轩亭口从容就义。同样出身豪门，一直资助秋瑾从事革命的知心姐妹徐自华，千方百计将秋瑾遗骨运到西子湖畔安葬。大才女吕碧城专门到西湖拜祭，并写下《西泠过秋女侠祠次寒山韵》的七律，其后又撰写《革命女侠秋瑾传》，在美国多家报刊发表并引起轰动。吕的友人谓吕碧城与秋瑾可并称爱国救亡的“女子双侠”，一属文侠，一属武侠。吕碧城也是出身名门，提倡女权，1903年入职《大公报》，成为中国新闻史上第一位女编辑，1904年出任天津女子师范学堂校长；成为中国教育史上第一个女校长。1928年，吕碧城参加世界动物保护委员会，成为现代中国第一位动物保护主义者。

言志

高君宇

我是宝剑，
我是火花，
我愿生如闪电之耀亮，
我愿死如彗星之迅忽。

【选家诗话】

高君宇，1896年生于山西静乐。1916年考入北京大学，五四运动时为北大学生会负责人。1920年与邓中夏共同组织马克思学说研究会。1921年加入中国共产党，1925年在北京病逝。这首言志诗，是他短暂而光辉的一生的真实写照。有“民国四大才女”之称的北京女子高等师范学生石评梅一直深深爱慕高君宇，她写诗表白：

我愿燃烧我的肉身化成灰烬，
我愿放浪我的热情怒涛汹涌，

天呵！这蛇似的蜿蜒，蚕似的缠绵，
就这样悄悄地偷去了我生命的青焰。

高君宇突然病逝，北京大学和山西省立一中校友会召开追悼大会，石评梅送了挽联：

“碧海青天无限路，更知何日重逢君”。在北京陶然亭高君宇的墓碑上，有石评梅的题记：

君宇，我无力挽住你迅忽如彗星之生命，我只有把剩下的泪流到你的坟头，直到我不能来看你的时候。

别了，哥哥

殷夫

别了，我最亲爱的哥哥，
你的来函促成了我的决心，
恨的是不能握一握最后的手，
再独立地向前途踏进。

二十年来手足的爱和怜，
二十年来的保护和抚养，
请在这最后的一滴泪水里，
收回吧，作为噩梦一场。

你诚意的教导使我感激，
你牺牲的培植使我钦佩，
但这不能留住我不向你告别，
我不能不向别方转变。

在你的一方哟，哥哥，
有的是，安逸，功业和名号
是统治者荣赏的爵禄，
或是薄纸糊成的高帽。

只要我，答应一声说，
“我进去听指示的圈套”，
我很容易能够获得一切，
从名号直至纸帽。

但你的弟弟现在饥渴
饥渴着的是永久的真理，
不要荣誉，不要共建，
只望向真理的王国进礼。

因此机械的悲鸣扰了他的美梦，
因此劳苦群众的呼号震动心灵，
因此尽日尽夜地忧愁，
想做个普罗米修斯偷给人间以光明。

真理和愤怒使他强硬，
他再不怕天帝的咆哮，
他要牺牲去他的生命，
更不要那纸糊的高帽。

这，就是你弟弟的前途，
这前途满站着危崖荆棘，
又有的是黑的死，和白的骨，
又有的是砭人肌筋的冰雹风雪。

但他决心要踏上前去，
真理的伟光在地平线下闪照，
死的恐怖都辟易远退，
热的心火会把冰雪溶消。

别了，哥哥，别了，
此后各走前途，
再见的机会是在，
当我们和你隶属着的阶级交了战火。

译裴多菲诗

生命诚可贵，
爱情价更高。
若为自由故，
二者皆可抛。

【选家诗话】

殷夫，1909年出生在浙江象山县，1926年考入上海浦东中学，秘密加入了中国共产主义青年团， 1927年9月，考入上海同济大学，被推选为学生代表并加入中国共产党。1928年加入太阳社。1930年参加中国左翼作家联盟，并任团中央刊物《列宁青年》的编辑。殷夫大哥徐培根、三哥徐文达都是国民党部长级高官。但他甘愿与贫穷的工农群众站在一起。著有诗集《孩儿塔》《伏尔加的黑浪》等。1931年殷夫与另外4名作家被国民党杀害于上海龙华监狱，时年22岁。史称“左联五烈士”，当时龙华监狱的墙壁上有一首血写的诗：

龙华千载仰高风，壮士身亡志未终。
墙外桃花墙里血，一般鲜艳一般红。

送朱大入秦

[唐代] 孟浩然

游人武陵去，
宝剑直千金。
分手脱相赠，
平生一片心。

【选家诗话】

秦，即今天的陕西一带；武陵，古代地名，在今常德地区。

作者孟浩然，湖北襄阳人，世称孟襄阳，其诗与王维并称“王孟”。千金之剑，分手脱赠好友，大有疏财重义的慷慨之风。“平生一片心”，语浅情深，那或是一片仗义之心，或是一片报国热情。世人多推崇孟浩然诗的仙风道骨、淡雅含蓄，殊不知，孟诗的另一风格是琴心剑胆、慷慨刚硬，如《醉后赠马四》：

四海重然诺，
吾尝闻白眉。
秦城游侠客，
相得半酣时。

《三国志》记载，襄阳有个长白眉毛，但讲义气，守信用的杰出青年马良。此诗大意是：我曾听说，白眉的马良是四海最讲信用的人。今天和你这位闯荡四方、爽直侠义的陕西游客意气相投，一喝酒就喝到半醉，特别豪爽酣畅。

狱中赠江姐[①]（节选）

蔡梦慰

热铁烙在胸脯上，
竹签子钉进每一根指尖，
用凉水来灌鼻孔，
用电流通过全身……
人的意志呀，
在地狱的毒火里熬炼——
像金子一般的亮！
像金子一般的坚！

可以使皮肉烧焦，
可以使筋骨折断；
铁的棍子，
木的杠子，
撬不开紧咬着的嘴唇，
——那是千百个战士的安全线啊！

用刺刀来切剖胸腹吧，
挖得出的——
也只有又热又红的心肝！

①节选自《黑牢诗篇》，标题为编者所加。

【选家诗话】

本诗为纪念江姐而作。江姐，本名江竹筠，1920年生于四川自贡市一个农民家庭，10岁当童工，半工半读。1936年考入重庆南岸中学，两年后考入重庆中国公学，秘密加入共产党。1944年又考入四川大学农学院。1946年她毕业后回重庆，参加和领导学生运动。1947年春，参与编辑中共重庆地下市委《挺进报》，1948年6月被捕，关进了中美合作所的渣滓洞监狱。军统特务头子徐鹏举亲自逼供，把竹签一根一根地钉进江姐的手指，她忍受着十指连心的疼痛，平静地回答："上级的姓名和地址，我知道，下级的姓名和地址，我也知道。这些都是我们党的秘密，不能告诉你们！"1949年11月14日特务打开监号门，假称将江竹筠等人转到外地关押，难友们一听便知敌人要秘密杀害江姐，但29岁的江竹筠从容地梳

江姐一家三口

理头发、整理服饰，将衣服赠送同室难友，平静地说："革命者走向刑场时，都要做到面不改色、心不跳。"

地下斗争时，为掩护身份，江竹筠与中共重庆地下党负责人彭咏梧假扮夫妻，乃至弄假成真生下儿子彭云。但彭咏梧的妻子谭正伦对两人的爱情宽容理解，江姐亲切地称她"幺姐"，把孩子托给幺姐带。她在遗书中专门叮嘱：孩子决不要娇养，粗服淡饭足矣，盼教以踏着父母之足迹，以建设新中国为志。

作者蔡梦慰，1924年生于重庆一个贫苦之家，在成都大同中学毕业后，没有学费，一边在潼光中学兼职，一边在四川大学旁听。1945年春，加入了反对国民党独裁统治的中国民主同盟。一年后，在《工商导报》任记者，1948 年被国民党军统逮捕，在狱中与难友组织“铁窗诗社”。1949 年 11 月 27 日被集体屠杀于渣滓洞监狱。与蔡梦慰一起牺牲于渣滓洞的青年诗人何雪松，江姐牺牲时他也代表全体难友致敬诗两首：

灵魂颂

你是丹娘的化身，
你是苏菲亚的精灵！
不，你就是你，
你是中华儿女革命的典型。

海燕

你
暴风雨中的海燕，
迎接着黎明前的黑暗。
飞翔吧！
战斗吧！
你
骄傲的海燕！

悬崖边的树

曾卓

不知道是什么奇异的风
将一棵树吹到了那边——
平原的尽头
临近深谷的悬岩上

它倾听远处森林的喧哗
和深谷中小溪的歌唱
它孤独地站在那里
显得寂寞而又倔强

它的弯曲的身体
留下了风的形状
它似乎即将倾跌进深谷里
却又像是要展翅飞翔……

【选家诗话】

作者曾卓，原籍湖北黄陂。1936 年加入武汉市民族解放先锋队，1940 年加入全国文协，组织诗垦地社，编辑出版《诗垦地丛刊》。1943 年入重庆中央大学，兼任《诗文学》编辑。1947 年毕业后回武汉为《大刚报》主编副刊。1952 年任《长江日报》副社长，当选为武汉市文联副主席。1955 年著名文艺理论家、七月诗派的领袖胡风，被定为“反革命集团”，曾卓也受牵连被捕，后又作为“胡风分子”下放农村。晚年平反后他写过一首诗：

遥　望

当我年轻的时候
在生活的海洋中，
偶尔抬头遥望六十岁，
像遥望一个远在异国的港口
经历了狂风暴雨，惊涛骇浪
而今我到达了，
有时回头遥望年轻时候，
像遥望迷失在烟雾中的故乡。

这首诗表达了诗人对人生曲折的感叹，但它又接近唐诗《渡桑干》的句型和意境：

客舍并州已十霜，归心日夜忆咸阳。
无端更渡桑干水，却望并州是故乡。

新诗人的棒喝

邓中夏

青年们！醒来哟，

谁在你们的四围

虎视鹰瞵的，

磨牙吮血的？

你们是处在一种什么环境？

你们是负了一种什么责任？

春花般的青年们哟！

朝暾般的青年们哟！

烈火般的青年们哟！

新中国的改造只仗你们了，

却不是仗你们几首新诗。

青年们醒来哟！

【选家诗话】

邓中夏（1894—1933），湖南宜章人。1901年读于私塾，1911年考入宜章县高等小学，后考入郴郡第七联合中学（今郴州一中），1915年考入湖南长沙高等师范学校，1917年考入北京大学文学系。在李大钊的引导和十月革命的鼓舞下，接受马克思列宁主义思想，1923年10月，参与创办《中国青年》杂志。1925年4月任中华全国总工会秘书长，组织和领导了省港大罢工。1928年2月，邓中夏被派往香港，任广东省委代理书记。1933年在上海被捕，同年10月在南京被国民党杀害。遗著有《中国职工运动简史》。

看方志敏手书有感

叶剑英

血染东南半壁红，
忍将奇罪作奇功。
文山去后南朝月，
又照秦淮一叶枫。

【选家诗话】

叶剑英（1897—1986），元帅军衔，原名叶宜伟，字沧白，广东梅县人。1926 年任黄埔军校教授部副主任，抗日战争期间与周恩来、董必武驻重庆领导中共南方局地下组织，曾任中共中央书记处书记，中央军委副主席。著有《叶剑英 诗词选集》。

方志敏 1899 年出生于江西弋阳农民家庭，1920 年考入江西省立甲种工业学校后，即成为学运领袖，并在《民国日报》副刊《觉悟》发表散

文诗《哭声》，受到具有国共两党双重党籍身份的主编邵力子的赏识。1922年邵力子代表共产党，于右任代表国民党，联合创办上海大学，邵为副校长。方志敏住在邵力子家中，在上海大学旁听社会学，并在《觉悟》副刊发表短篇小说《谋事》，此小说与鲁迅、郁达夫、叶圣陶等人的作品，一起被上海小说研究所选入《小说年鉴》。1923年，通过邵力子，方志敏结识了陈独秀、瞿秋白、恽代英、向警予等著名共产党早期领袖，不久加入共产党，回到南昌发展组织。1927年国共分裂后，方回老家领导弋阳、横峰农民起义，创建了中共赣东北根据地和工农红军第十军，成为与毛泽东，彭湃齐名的三大“农运领袖”。1935年，方志敏率领红十军，与国民党军作战被俘后，坚贞不屈，写下了著名的《清贫》《可爱的中国》《狱中纪实》等，经宋庆龄、鲁迅等人帮助转交中共中央，“敌人只能砍下我的头颅，决不能动摇我的信仰！因为我信仰的主义，乃是宇宙的真理！”1940 年叶剑英在重庆亲睹手书诗稿后在方志敏的照片后写下此诗。9 月 19 日，在重庆的郭沫若步叶剑英原韵和诗一首：

千秋青史永留红，
百代难忘正学功。
纵使血痕终化碧，
弋阳依旧万株枫。

文天祥的正气歌和忠贞气节，史称“文山大节，千年楷模”。1948 年中共重庆地下市委委员许建业被捕牺牲，中共川东负责人、红岩烈士许晓轩在渣滓洞监狱赋诗吊念：

噩耗传来入禁宫，
悲伤切齿众心同。
文山大节垂青史，
叶挺孤忠有古风。
十次苦刑犹骂贼，
从容就义气如虹。
临危慷慨高歌日，
争睹英雄万巷空。

答武陵田太守

[唐代] 王昌龄

仗剑行千里，
微躯敢一言。
曾为大梁客，
不负信陵恩。

【选家诗话】

微躯：微贱的身躯，作者自谦。

大梁：战国时魏国都城（今河南开封）。

大梁客：作者自喻是当年魏国宰相信陵君的门客。信陵君曾养食客三千人，以礼贤下士闻名于世。

作者王昌龄，擅长七绝，被誉为“七绝圣手”“诗家夫子王江宁”。存诗 170 余首，多为边塞军旅题材，气势雄浑，格调高昂，笔法细腻。

大海中的一滴水

芦甸

我多么渺小，
我是大海中的一滴水；
然而，我骄傲，
我被大海所包围。

海，推动着我，
我也推动着海。

在风暴的袭击下，
我是波涛上飞射的水柱，
我是激流中翻腾的浪花，
我，永不屈服，
我和兄弟们一同
向风暴作决死的斗争。
风平浪静的时候，

我是一个沉默的工作者，
人们只看见无际的碧蓝，
看不见我……

任何一滴水，
都要归向海，
离开海，
必然死亡！

我多么渺小，
我是大海中的一滴水；
然而，我骄傲，
我为大海所包容……

【选家诗话】

此诗把一个人比作一滴水，把人类的解放事业比作大海。一滴水只有融入大海，才能奔腾无止，波澜壮阔。而大海，也正是千千万万个小水滴的自由联合体。一旦离开了它们的推动，也就失却了它的壮丽与神奇。大海是辩证法的宝库。

个人与集体，渺小与伟大，必然与自由，都可以从中找到最恰切的喻体。

作者芦甸，原名刘振声，出身江西贵溪一个农民家庭。抗战期间的“左翼”文坛，形成了以鲁迅关门弟子胡风为首领的“七月派”诗群，芦甸是该派的重要成员，该派把诗作为战斗的武器，追求诗歌与时代的密切结合和与人民的融为一体。芦甸一生追求光明，早年投奔延安，经历过中原突围，转战冀鲁豫，新中国成立后在天津担任文艺界领导，热情讴歌新中国。不料，极“左”专制横祸难避，1955 年为了打击向党伸手索要创作自主权的自由化思潮，“胡风集团”案被一锤定音，芦甸也被定为反革命分子遭逮捕。关押 10 年后，在文革狂潮的管制批斗中含冤去世，1982 年始获平反。经批准，遗骸得以入葬天津市烈士陵园。芦甸的人品和诗品广受称道，作品有诗集《我们是幸福的》，中篇小说《浪涛中的人们》，话剧剧本《第二个春天》。其成名诗《沉默的竖琴》，通过一段小爱情插曲，塑造了一代进步青年真诚勇敢的高贵形象：

我懂得，

你为什么起得这样早，

为什么在我的小窗下

低唱着凄婉的歌；

为什么把你的小弟弟
逗进我的室内?
为什么
凝望着远远的天……

原谅我,
不能给你留下什么
甚至我的名姓。
因为
我是一个亡命的“过客”,
像你门前的水,
流过了,
就永远不会折回……

我只能以沉默的竖琴
弹奏我的祝福:
我愿花朵属于你,
荆棘属于我……

我,即将远去,
后有马蹄的追赶,
前有人群的召唤……

风流歌（节选）

纪宇

一、什么是风流

风流哟，风流，什么是风流？
我心中的情思像三春的绿柳；

风流哟，风流，谁不爱风流？
我思索的果实像仲秋的石榴。

我是一个人，有血，有肉，
我有一颗心，会喜，会愁；

我要人的尊严，要心的颖秀，
不愿像丑类一般鼠窃狗偷！

我爱松的高洁，兰的清幽，
决不学苍蝇一样追腥逐臭；

我希望生活过得轰轰烈烈，
我期待事业终能有所成就。

我年轻，旺盛的精力像风在吼，
我热情，澎湃的生命似水在流。

风流呵，该怎样把你理解？
风流呵，我发誓把你追求；

清晨——我询问朝阳，
夜晚——我凝视北斗……

遐想时，我变成一只彩蝶：
“呵，风流莫非指在春光里嬉游？”

朦胧中，我化为一只蜜蜂：
“呵，风流好比是在花丛中奔走。”

我飘忽的思潮汇成大海，大海说：
“风流是浪上一只白鸥。”

我幻想的羽翼飞向明月，明月说：
“风流是花间一壶美酒。”

于是，我做了一个有趣的梦，
我梦见人生的许多朋友——
他们纷纷争辩什么是真正的风流。

理想说：“风流和成功并肩携手。”
青春说：“风流和品貌不离左右。”

友谊说：“风流是合欢花蕊的柱头。”
爱情说：“风流是并蒂莲下的嫩藕。”

道德说：“风流是我心田的庄稼。”
时代说：“风流是我脑海的金秋。”
……

二、风流的自述

我就是风流，我就是风流，
我是僵化的敌人，春天的密友。

我像一朵鲜花，开在枝头，
我像一位姑娘，目光含羞；

我像一只牡鹿，跳涧越沟，
我像一头雄狮，尾摇鬃抖。

有时，我是无形的，像清风徐徐，
有时，我是有形的，似碧水悠悠；

有时，我化作新娘秀发上一段红绸，
有时，我变成战士躯体上一副甲胄；

有时，我是明眸里的一丝火花，
有时，我是笑靥中的一涡蜜酒；

有时，我是铁马冰河风飕飕，
有时，我是气吞万里雄赳赳；

更多的时候我不是饰物和形体，

我是内心里对美的热烈追求！
人类多长寿，我就多长寿，
我比甲骨文的历史更加悠久。

我曾和屈原一起质问苍天，
我曾与张衡共同观测地球；

张骞通西域，我在鞍前，
鉴真渡东海，我在船后。

我曾陪花木兰替父从军，
我曾跟佘太君挂帅御寇；

多少回呵，我随英雄报深仇，
一声吼：“不扫奸贼誓不休！”

多少次呵，我伴志士同登楼，
高声唱：“先天下之忧而忧……”

血沃的中原呵，古老的神州，

有多少风流人物千古不朽！
花开于春哟，叶落于秋，
历史不死呵，又拔新秀。

三、真正的风流

这才叫风流，这才叫风流，
敢于和残酷的命运殊死搏斗！

这才叫风流，这才叫风流，
在历史的长河上驾时代飞舟！

在枪口下揭穿造神者的阴谋，
把一腔滚烫的血洒在荒丘；

在棍棒下祭奠好总理的英灵，
让无数洁白的花开在胸口！

把祖国请到世界体坛的领奖台上，
让她听一听国歌的鸣奏；

将红旗插在珠穆朗玛的最高峰，

让她摸一摸蓝天的额头！
在地雷密布的山口请战：“让我先走！”
在完成任务撤退时高喊：“我来断后！”

性能还不稳的新歼击机，我去试飞，
烟云尚未散的核试验场，我去研究。

像雷锋那样热爱平凡的岗位，
不管到哪里，都是一台车头；

像焦裕禄那样心系灾民的柴米油盐，
纵然是死了，也要浩气长留！

竞芳争艳呵，是花的风流，
傲雪凌霜呵，是松的风流；

我们是人，钟天地之灵秀，
我们的风流天长地久！

【选家诗话】

作者纪宇，原名苏积玉。1967年毕业于青岛市第九中学。1980年加入中国作家协会。著有诗集《纪宇自选诗集》《纪宇儿童诗选》《纪宇报告文学选》。《风流歌》1981年发表在《人民日报》，中央人民广播电台配乐朗诵。追求风流乃人之本性，特别是在青春期最为强烈，此诗的崇高优美，拨动了青年的心弦。此诗另一个学术贡献，就是厘清了中国几千年来流传的“风流”概念到底是什么——“人在花下死，做鬼也风流。”这种风流观是最狭隘腐朽的。作者认为风流观是人生审美观，需要正本清源。诗人冰冰在狱中读后深受感染，随即以七言古风和写了一首《风流歌》：

黄鹂尚且鸣翠柳
人生谁不爱风流
可惜误识风流面
几多少年错相求
风流不在容貌美
风流不靠貂锦裘
风流本非情场事
风流无须胭脂油
且将腐论收拾去
听我为君说风流：
壮飞喋血菜市口

漫天风雨漫天愁
精卫引刀成一快
从此赢得少年头
凤仙义助松坡剑
柔肠侠胆足千秋
伯坚带镣长街路
万人景仰争凝眸
风流不必万户侯：
君不见邹容甘为马前卒
威慑清庭王气收
逸仙虽是布衣身
搅得风云满神州
风流不必富贵楼：
君不见志敏清贫居斗室
文章却敢望门投
希夷拍案拒官禄
一曲囚歌天地留
风流不必百岁寿：
君不见天华年少蹈海去
英名至今播九州
江姐正是韶华好
面不改色掷头颅
风流不必鸳鸯眠：

君不见鉴湖女侠弃金阁
调取明月看吴钩
意洞家书裂肝胆
碧血黄花两相酬
君若有心求风流
请随仲淹同登楼
先求正气铸肝胆
再凭肝胆顾环球
先看那万家墨面没蒿莱
只有王侯有自由
一纸空锁民主梦
几多谎言误神州
再看那青山处处杜鹃啼
志士慷慨将春求
历史长河波澜黎
健儿击水正中流
待看到双泪长流壮志起
忧愤填膺侠气稠
便自然敢上九天揽日月
敢下沧海断龙头
到那时请君与我同携手
飞舟共逐万古流

金诗一百首

亲师重友 惜时惜情

——学子成长，师恩难忘。
珍惜时光就要亲师重友，
珍惜生命的历程和足迹。

杨振宁

归根

昔负千寻质，
高临九仞峰。
深究对称意，
胆识云霄冲。
神州新天换，
故园使命重。
学子凌云志，
我当指路松。
千古三旋律，
循循谈笑中。
耄耋新事业，
东篱归根翁。

【选家诗话】

三旋律：作者认为，对称、量子化、因子是20世纪理论物理学的三大定律。这三条到21世纪仍有决定性意义。

杨振宁，1922年出生于清华大学教授家庭，五岁识字三千，16岁考入西南联大物理系。1944年研究生毕业后赴芝加哥大学攻读哲学博士。1950年，杨振宁和国民党高级将领杜聿明的女儿杜致礼在普林斯顿举行婚礼。当时杜聿明作为战犯关押在秦城监狱。1957年，杨振宁与李政道共同提出宇称不守恒理论获得诺贝尔物理学奖。1965年当选美国科学院院士。1966年起任纽约州立大学艾伯特·爱因斯坦教授助理兼物理研究所所长。2003年，回中国大陆定居，任教于清华大学。落叶归根，杨振宁的童年是在清华园度过的，此诗乃81岁重回清华园定居时有感而作。2004年，82岁的杨振宁与28岁的翁帆（广东外语外贸大学研究生）再次步入婚姻殿堂，成为其人生一段新的传奇。

新竹

[清代]郑板桥

新竹高于旧竹枝，
全凭老干为扶持。
下年再有新生者，
十丈龙孙绕凤池。

【选家诗话】

龙孙：竹笋的别称。

本诗写竹子青出于蓝而胜于蓝，而新生力量的成长又需老一辈的积极扶持，表达了后辈对长辈扶持的感恩；后两句是展望，用以表现新生力量会更强大。

作者郑板桥（1693—1765），原名郑燮，人称板桥先生，江苏兴化人，乾隆进士。为“扬州八怪”之一，其诗、书、画世称“三绝”，擅画兰竹。著有《板桥全集》。

仿佛

[印度]泰戈尔

我不记得我的母亲
只是记得
她晃动我的摇篮时
总是有一段歌谣
仿佛环绕着我的玩具

我不记得我的母亲
只是记得
合欢花开放的秋晨
庙殿里晨祷的袅袅馨香
仿佛吹来母亲的气息

我不记得我的母亲
只是记得
当我向窗外遥望

蓝天高远而慈祥
仿佛母亲凝视我的目光

（方铁 译）

【选家诗话】

拉宾德拉纳特 ·泰戈尔，1861 年出生于印度加尔各答一个贵族家庭。17 岁赴英国伦敦大学留学，1913 年，52 岁的他以诗集《吉檀迦利》成为第一位获得诺贝尔文学奖的亚洲人。1941 年逝世于印度加尔各答。他的诗在印度享有史诗的地位，含有深刻的宗教和哲学见解。他品德高贵，谦逊而仁慈，在《飞鸟集》中，他以一首小诗抒发心愿：

果实弥珍贵
花儿竟甜美
愿为枝叶茂
谦逊绿荫垂

果实的事业是尊贵的，花儿的事业是甜美的；但是让我做绿叶吧，谦逊地扶持红花、垂着绿荫。

父亲（节选）

王太利

总是向你索取
却不曾说谢谢你
直到长大以后
才懂得你不容易
每次离开总是
装做轻松的样子
微笑着说回去吧
转身泪湿眼底
……
谢谢你做的一切
双手撑起我们的家
……
我是你的骄傲吗
还在为我而担心吗
你牵挂的孩子啊，长大啦……

【选家诗话】

王太利，1969年生于山东潍坊市，自学成才的中年艺术家，著名网络歌曲《小苹果》的词曲均由其作。本诗也是一首歌词，语言朴素无华，但动人心弦。爱祖国是从爱家乡开始的，爱人民是从爱亲人开始的。小小少年从体谅父辈的艰辛开始，必然会广生爱心，立志成才，报效国家。

致舒婷（节选）

蔡其矫

因为爱别人胜过爱自己
你的心才储满痛苦
并盛开着感情的玫瑰。

有刺仅仅是为了自卫
因为温柔而敌视粗暴
月光铸成你灵魂的声音。

在希望飞出胸膛之前
雨点已淋湿你的情感
所以凝视的眼睛闪闪发光。

其实你的心也同草木
最喜欢春天的朝露
风和雨只护送你起程。

【选家诗话】

只有爱别人胜于爱自己，才有玫瑰的盛开；有刺才能保持花朵；有专注的思想才有希望；有风雨的考验才能领受朝露的光辉。爱是真挚的，无私的，勇敢的。

作者蔡其矫祖籍福建泉州，1918 年出生于印尼华侨家庭，1929 年到泉州教会学校读初中，1934 年考入上海暨南大学附中，1938 年投奔延安鲁迅艺术学院文学系，一年后被派到八路军晋察冀边区，开始创作诗歌、剧本。1949 年因外语水平高，被调任中央人民政府情报总署东南亚科长，1953 年情报总署被并入外交部情报司，蔡其矫便申请调入北京中央文学讲习所任教，加入中国作家协会。老战友对他放弃高官仕途回归诗人身份纷纷劝阻，但蔡其矫只爱诗歌不爱官。1958 年，当人们争相献诗歌颂“大跃进时蔡其矫却写出了直面历史与苦难的《雾中汉水》《川江号子》等诗篇。文革期间蔡其矫因在诗中憎恨强权遭批斗流放，甚至被投进监狱。打倒四人帮后，他决心“经过眼泪与痛苦的挣扎，将光明与欢乐带到世上”，出版了诗集《祈求》和《蔡其矫选集》，蔡其矫在艾青家中认识建筑工出身的北岛后，又将北岛介绍给同样是建筑工出身的女诗人舒婷，促成了七十年代末“今天诗派”大联合。《致橡树》

写成后，舒婷第一个拿给蔡其矫看。蔡 1942 年反映抗日战斗的《肉搏》一诗，多年来一直是播音员和话剧演员必考的朗诵诗。他翻译过惠特曼、聂鲁达的作品，自己的诗也深受惠特曼、聂鲁达的影响，他对理想自由爱情和生命的追求成为 20 世纪的一份见证。蔡其矫在“文革”后期创作了一首《祈求》，80 年代脍炙人口，无独有偶，后来唱红中华大地至今不衰的台湾歌曲《祈祷》，也是 1975 年由艺术家翁炳荣创作。隔着海峡，两篇主题相同、意境相似、语言相近的诗和词同时诞生，同时拨动着海峡两岸的心弦，的确是一段文化奇缘。

祈求

我祈求炎夏有风，冬日少雨；
我祈求花开有红有紫；
我祈求爱情不受讥笑，
跌倒有人扶持；
我祈求同情心——
当人悲伤
至少给予安慰
而不是冷眼竖眉；
我祈求知识有如泉源泉，
每一天涌流不息，

而不是这也禁止，那也禁止；
我祈求歌声发自各人胸中
没有谁要制造模式，
为所有的音调规定高低；
我祈求总有一天，再没有人
像我作这样的祈求！

单程票

——给柏杨

张香华

为荒野遗弃
为闪电吆喝、鞭笞
为暴风雨横扫
为茫茫雪途惊恐、震慑
为炼狱的劫火所炮烙过的
曾经，我们都是行路难道上
苦绝的畸零人

越过春郊荆棘的榛莽
越过荒远寒漠的冰原
越过旱干焦渴的涸井
越过贫薄衰寂的村墟
崎岖、坎坷、迂回、陡峭的记忆
被每一只沉重的脚印镌刻
而险如夷、惊已安

我们俩注定会守望到
北极星的悬升
在命运苍茫的晓色里

路，是荆棘绽开的玫瑰
路，是满天星斗的光华
路，是遥处一朵灯蕊
路，是一种微温
传递自你的掌心
是万缕柔情缱绻于我的双目

如果能为来生订座
请预购两张单程票
早早携我飞越三江五湖
纵横七海
到碧天的高处
到黄泉的幽冥
请不要遗漏我
也不要让我久久的挣扎、等待
也不要让我走远远的兼程
疲累于辛苦旅途的劳顿

【选家诗话】

作者张香华，1939年生于香港，祖籍福建龙岩，1961年台湾师范大学中文系毕业。19岁开始发表诗歌，36岁与十年牢狱刚获释的台湾著名杂文家柏杨一见钟情，结为夫妻。柏杨的代表作《丑陋的中国人》，上世纪末流行大陆，几乎人手一册。

此诗的美丽爱情是可以和舒婷的《致橡树》媲美，只不过一个是因苦而心心相印，一个因甜而携手并肩。张香华后来还写了一首《我爱的人在火烧岛上》，纪念柏杨和众多难友在火烧岛的被囚禁的岁月。火烧岛是台湾国民党政权囚禁政治犯的集中营。1998年在柏杨等人的努力下，火烧岛上终于竖立起一座“人权纪念碑”。碑上刻着柏杨说过的一句话:“在那个时代，有多少母亲，为他们被困在绿岛上的孩子，长夜哭泣！”

送春

[宋代] 王令

三月残花落更开，
小檐日日燕飞来。
子规夜半犹啼血，
不信东风唤不回。

【选家诗话】

三月许多花落了，但新的花在开，燕子天天飞回屋檐下；子规即杜鹃鸟，俗称布谷，春夏季节，啼声清脆而短促，仔细端详，杜鹃口腔上皮和舌部都为红色，古人误以为它啼得满嘴流血。凑巧杜鹃高歌之时，正是杜鹃花盛开之际，人们以为杜鹃花鲜红是因杜鹃啼血染红。这首诗中，杜鹃彻夜不停地啼鸣，是因为它不愿春去，执意唤回春天。

作者王令，北宋诗人，河北大名县人。幼年父母双亡，寄人篱下，穷苦中发奋自学，王安石对其文章和人品极为赏识。这首诗题为“送春”，但通篇不见“送”的痕迹，作者用惜春、留春来写送春，构思巧妙。

逢侠者

[唐代] 钱起

燕赵悲歌士，
相逢剧孟家。
寸心言不尽，
前路日将斜。

【选家诗话】

燕赵悲歌，燕赵即今天的河北山西一带；古代此地民风慷慨悲壮，故有“燕赵多有慷慨悲歌之事”之说。

剧（jí）孟，西汉时期洛阳人，以侠义闻名于世。

作者钱起，唐代诗人，大书法家怀素和尚之叔。大历十才子之一，诗与刘长卿齐名，称“钱刘”；又与郎士元齐名，称“钱郎”。他的诗风格清，还有一首咏归雁名诗：

潇湘何事等闲回，水碧沙明两岸苔。

二十五弦弹夜月，不胜清怨却飞来。

诗意为：大雁啊，潇湘下游，水碧沙明，风景秀丽，你为何轻易离开回到北方呢？大雁回答：那里本可长住，可每到月夜湘灵女神鼓瑟，那二十五弦上弹出的音调，凄清哀怨，我承受不住，只好飞回北方。

从日本回国后的鲁迅，非常喜欢用钱起这首诗，解释自己离开日本的那种复杂感情。他曾经两次书写此诗，赠送日本友人，一位是在上海内山书店工作过的中村亨先生，一位是亲共的女作家林芙美子，但她后来投靠官方成为随军作家，日军侵占武汉时，她是唯一随军入城的女兵，颇受追捧。在侵华战争中，许多指挥屠杀中国人的将领，与中国许多军政领袖都是感情融洽的私人朋友。如南京大屠杀总指挥、日军大将、甲级战犯松井石根和陈其美、蒋介石就是老交情，蒋在上海与他结识，到日本留学时就住在他家，到日军去实习也是他作担保人。又如土肥原与山西军阀阎锡山是日本士官学校同学，到中国后交往频繁，并被东北军阀张作霖聘为顾问；冈村宁次与国民党军政部长何应钦也是同学。

贫交行

[唐代]杜甫

翻手作云覆手雨，
纷纷轻薄何须数。
君不见管鲍贫时交，
此道今人弃如土。

【选家诗话】

杜甫，字子美，河南巩县人，自号少陵野老，唐代伟大的现实主义诗人，与李白合称“李杜”。杜甫与李白又合称“大李杜”，李商隐与杜牧称为“小李杜”。杜甫在中国古典诗歌中的影响非常深远，被后人称为“诗圣”，他的诗被称为“诗史”。有《三吏》《三别》等名作。

贫交行，描写贫贱之交的诗歌。

管鲍：指管仲和鲍叔牙，管仲贫困，也欺骗过鲍叔牙，但鲍叔牙始终善待管仲。这里比喻情谊深厚的朋友。

本诗写有些人交友，翻手覆手之间，一会儿像云的趋合，一会儿像雨的纷散，变化多端，这种贿赂之交、势利之交、酒肉之交是多么地让人轻蔑愤慨、不屑一顾！而今，管鲍之交被今人弃之如粪土。表现了诗人对此类人的憎恶和对这种现象的愤慨。唐代诗人张谓也曾作诗讽刺此现象：

世人结交须黄金，
黄金不多交不深。
纵令然诺暂相许，
终是悠悠行路心。

小重山

[宋代]岳飞

昨夜寒蛩[1]不住鸣。
惊回千里梦，
已三更。
起来独自绕阶行。
人悄悄，
帘外月胧明。

白首为功名，
旧山[2]松竹老，
阻归程。
欲将心事付瑶琴。[3]
知音少，
弦断有谁听？

【选家诗话】

①寒蛩（qióng）：秋天的蟋蟀。

②旧山：故土。

③瑶（yáo）琴：饰以美玉的琴。

岳飞，字鹏举，宋朝民族英雄，孙中山说：“岳飞魂，是中华民族的精神代表，也就是民族魂。”岳飞虽属武将，但深具文采，其诗词不仅有壮怀激烈，直抒胸臆的《满江红》，也有沉郁低徊、含蓄婉转的《小重山》。

本词的上阕写深夜寒蛩鸣叫惊醒了收复河山、重返千里之外故乡的美梦。朦胧的月色，梦回三更，独绕阶行。可以看出他壮志难伸的焦虑。下阕首句袒露心迹，一心想为国家立战功。二三句反映壮志受疑后，欲辞官回家亦不获准，面对着朝廷中奸臣谗言蒙蔽皇帝，进退两难的困境。后三句化典“高山流水”自怜：满腹精忠报国的心事、收复失地的战略，无人理解，无人支持，因而自叹琴弦拨断，也难觅知音。全词情景交织，如歌如画，委婉动人。

病中咏雪

江上青

胸中自有傲霜怀，
不怕飞花压玉台。
风卷彤云黉舍冷，
梦呵冻笔险诗来。
锦山皑皑三年白，
炉火熊熊一瞬灰。
忆父怀乡惊岁暮，
谁家梅瘦病中开。

【选家诗话】

此诗作于 1931 年。作者江上青，原名江世侯，革命诗人、新四军烈士，1911 年生于扬州江都县。父亲江石溪既开中医诊所也在航运公司担任高管。江上青 8 岁随姑学唐诗，16 岁考入南通中学，秘密加入中国共青团。次年转回扬州中学高中部，参加中共学运工作。1928年被国民党逮捕判刑半年。

江上青与妻子王者兰

1929 年改名江上青，投考上海艺术大学文学系。担任上海艺大中共党支部书记。结识了左翼作家郁达夫等人后，学写新诗，作品有《新世界的贺仪》《十月的旗帜》等。1929 年底，再次被捕，关押在上海提篮桥监狱判刑一年。在狱中，写下了《赤裸着身体》《冷漠的世界》《饿是武器》《我重新来到了这里》等诗篇。1930 年至 1935 年期间，在扬州以中学教师为业，并与姑丈外甥女王者兰结婚。其《乙亥新年》一诗："强浇浊酒换桃符，饥馑声中旧岁除。不厌家贫常觅句，因怀国破乱翻书……" 1937 年底组织"江都县文化界救亡宣传团"溯江而上宣传抗日。1938 年 8 月进入湖北浠水大别山区。受中共安徽省委张劲夫派遣，任安徽省六专署民运科长。一年后，遭反动地主武装袭击壮烈牺牲，时年 28 岁。妻子王者兰搂着两个年幼的女儿悲痛欲绝，长兄江世俊、长嫂吴月卿手足情深，决定将读初中的次子江泽民过继给弟弟江上青为子，按传统习俗戴孝祭奠。王者兰赋诗明志：

噩耗传来处处惊，
才华未展恨难平。
十年壮志山河动，
一片丹心日月明。
誓抚遗孤承素志，
尽除奸慝报深情。
黄沙血染英雄骨，
碑碣永留万古名。

江、王夫妻才貌双全，称得上金童玉女。江上青在七兄妹中排行老六，其七律诗特别工整华丽，1939 年，他在牺牲前曾赠弟弟江树峰一首七律：

与弟共勉

过隙光阴逝白驹，
十年患难早相扶。
雄心拼付三期战，
别绪全凭一雁书。
春水绿杨思故里，
秋山红叶走征途。
天涯兄弟成劳燕，
互问风尘老病无。

寄黄几复

[宋代] 黄庭坚

我居北海君南海，
寄雁传书谢不能。
桃李春风一杯酒，
江湖夜雨十年灯。
持家但有四立壁，
治病不蕲[①]三折肱。[②]
想得读书头已白，
隔溪猿哭瘴溪[③]藤。

【选家诗话】

①蕲：祈求。

②肱：上臂，手臂由肘到肩的部分，古代有三折肱而为良医的说法。

③瘴溪：瘴，岭南多瘴气。溪，文集中本作“烟”。

作者黄庭坚，宋代横跨多学科领域的大学问家，祖籍武汉江夏，为江西诗派开山之祖。与杜甫、陈师道和陈与义素有“一祖三宗”（黄庭坚为其中一宗）之称。与张耒、晁补之、秦观合称为“苏门四学士”。诗歌方面，与苏轼并称“苏黄”；书法方面，与苏轼、米芾、蔡襄并称为“宋代四大家”；词作方面，与秦观并称“秦黄”。史载：黄庭坚虽身居高位，侍奉母亲却竭尽孝诚，每天晚上，都亲自为母亲洗涤便桶。黄庭坚自幼聪颖，相传七岁作牧童诗：

骑牛远远过前村，
短笛横吹隔岸闻，
多少长安名利客，
机关用尽不如君。

溶雪的时刻

席慕蓉

当她沉睡时
他正走在溶雪的小镇上
渴念着旧日的
星群并且在
冰块互相撞击的河流前
轻声地
呼唤着她的名字
而在南国的夜里
一切是如常的沉寂
除了几瓣疲倦的花瓣
因风
落在她的窗前

【选家诗话】

爱情不在乎距离，不需要索取，不计较回报——我在北国雪夜冰冷的小道上跋涉，决不嫉妒你在南国的夜里闲适安宁，做着香甜的梦。雪在融化，爱要升华。

作者席慕蓉，1943 年生于重庆。1949 年随父母迁至香港读小学，10 岁时作文被选登校刊封底。光荣一次，激励一生。席慕蓉由此萌发写作的兴趣。1954 年迁入台湾考入北二女中，两年后考入台湾师大艺术科拜师学画。毕业后在仁爱中学任美术教师，跻身青年画家行列。席慕蓉写诗写散文，淡雅剔透，代表作有《七里香》《无怨的青春》等。

毛泽东

临江仙·给丁玲同志

壁上红旗飘落照，
西风漫卷孤城。
保安人物一时新。
洞中开宴会，
招待出牢人。

纤笔一枝谁与似，
三千毛瑟精兵。
阵图开向陇山东。
昨天文小姐，
今日武将军。

【选家诗话】

丁玲，原名蒋伟，字冰之，女作家。1904 年生于湖南临澧县，14 岁考入桃源女子师范学校，1919 年转入著名的长沙周南女中。深受五四运动

思潮影响。1923 年经瞿秋白介绍，进入上海大学中文系。次年转赴北大旁听文学课程，在《小说月报》发表处女作《梦珂》。1928 年，出版第一本短篇小说集《在黑暗中》，代表作《莎菲女士的日记》震动文坛。1929 年与胡也频、沈从文在上海合办《红黑》杂志，1933 年丁玲被国民党中统特务拘禁。1936 年逃离南京，成为进入延安（当时称保安县）的第一位知名作家，受到毛泽东青睐。丁玲随即要求上前线随军采访，毛泽东邀请周恩来等作陪专门设宴欢送时，写下此诗，表达器重和欣赏。诗词擅长夹叙夹议，边叙事边抒情是毛泽东的强项，他 1934 年写的《清平乐 · 会昌》也是典范：

东方欲晓，
莫道君行早。
踏遍青山人未老，
风景这边独好。
会昌城外高峰，
颠连直接东溟。
战士指看南粤，
更加郁郁葱葱。

金缕曲·人民教师

赵朴初

不用天边觅。
论英雄，
教师队里，
眼前便是。
历尽艰难曾不悔，
只是许身孺子。
堪回首十年往事！
无怨无尤吞折齿，
捧丹心默向红旗祭。
忠与爱，
无伦比。

幼苗茁壮园丁喜。
几人知，
平时辛苦，

晚眠早起。
燥湿寒温荣与悴，
都在心头眼底，
费尽了千方百计。
他日良材承大厦，
赖今朝血汗番番滴。
光和热，
无穷际。

【选家诗话】

赵朴初，1907年生于安徽安庆，早年求学于苏州东吴大学（现苏州大学）。1938年后，任上海文化界救亡协会理事，中国佛教协会秘书、主任秘书，1949年任上海临时联合救济委员会总干事，1980年后，任中国佛教协会会长，中国佛学院院长，2000年5月21日因病在北京逝世，享年93岁。他的《八声甘州·咏梅》也是脍炙人口：

对飘风骤雪乱群山，仰首看梅花。望凌空铁骨，荡胸灵气，眩目明霞。任汝冰悬百丈，一笑暖千家，不尽春消息，传向天涯。

且试登高临远，望丛林烈焰，大漠惊沙。指冬云破处，残霸枉纷拏。喜弥天红旗一色，听四方八面起欢哗。愿长共乔松劲健，新竹清嘉。

我的心你不要忧郁

[德国]海涅

我的心，
你不要忧郁，
把你的命运勇敢担起。
冬天从你这里夺去的，
新春会交还给你。

有多少事物为你而留存，
这世界还是多么美丽！
凡是你所喜爱的，
我的心你都可以去爱！

（方铁 译）

【选家诗话】

这首小诗，百年来为何广为流传？这与写作技巧有关，忧郁是一种能够引发同情（共鸣和认同）产生美感的心理行为，每个人心底都有柔软的地方。通过主体一分为二的裂变，使人产生角度美和距离美：心本来就从属于我的一个部分，一个器官，但作品把它裂变成两个人的对话，变成一个勇者对朋友的劝慰鼓励。依据是很充分的——生活要乐观，要敢于和命运抗争，承担使命，就像自然界一样，有冬必有春，美好的世界，永远属于有理想的劳动者。

海因里希·海涅，1797 年生于德国一个犹太商家庭，当过学徒，大学期间深受法国革命影响。他站在劳苦大众一边，抨击封建专制和剥削制度，遭到德国政府迫害后流亡法国。有诗集《德国，一个冬天的童话》。海涅是 19 世纪的世界级诗人，是批判现实主义的代表，浪漫主义诗歌的超越者。1843 年与马克思相识后进入创作高峰期。1845 年患上瘫痪症后，坚持创作，1851 年完成了《罗曼采罗》。1856 年在巴黎逝世。他最广为人知的一首诗《乘着歌声的翅膀》（节选）：

亲爱的，随我前往
去到那恒河的岸边
到那最美丽的地方
花园里开满了鲜花
月亮把水银光挥洒
玉兰花在那儿等待着

等待她的小妹妹
紫罗兰微笑着耳语
仰望着明亮的星星
玫瑰花悄悄地讲述
她那芬芳的心情
温柔而可爱的羚羊
跳过来悄悄倾听
远处那圣河的波涛
发出一阵阵呼啸

（方铁 译）

送增田涉君归国

鲁迅

扶桑正是秋光好，
枫叶如丹照嫩寒。
却折垂杨送归客，
心随东棹忆华年。

【选家诗话】

嫩寒：轻寒。

作者鲁迅，原名周树人，1881年生于浙江绍兴，1898年考入江南水师学堂，1902年留学日本，后弃医从文，发表了中国现代文学史上第一篇白话小说《狂人日记》，成为新文化运动的主力，1936年因病逝世。鲁迅以笔代戈，战斗一生，被誉为“民族魂”。

她走在美的光影里

[英国] 拜伦

一

她走在美的光影里，
像皎洁的夜空繁星漫天；
明与暗的美妙光泽，
镶嵌着她的仪容和秋波。
白天的光芒耀眼夺目，
怎比此刻的幽暗柔和。

二

增一分或者减一分，
都会减损这光的奇妙。
美波动在她乌黑的头发，
淡淡的芬芳，淡淡的光芒。
那脸庞透露的恬静思绪
显示它来自纯洁和高贵。

三

呵，她额际分明面颊红润，
温和平静，而又脉脉含情；
她光彩洋溢，轻轻一笑，
眼中闪耀温柔和善良：
她宽容着世间的一切，
她胸怀着仁慈的爱情！

（方铁 译）

【选家诗话】

乔治 ·戈登 ·拜伦，1788 年出生于伦敦一间被租用的简陋房子里。父母都出身于没落贵族家庭，他天生跛一足，1801 年，拜伦考入哈罗公学。许多英国历史名人都出自这所中学，包括后来深深敬仰拜伦的丘吉尔首相。1805 年拜伦考入剑桥大学学文学院，毕业后担任曾议院议员。用自由民主的理想，在诗歌里塑造了一批“拜伦式英雄”。1809 年，“为了要看看人类，而不是只在书本上读到他们”，拜伦决定出国作东方旅行，他参加了希腊民族解放运动，并成为领导人之一。在阿尔巴尼亚他开始写《恰尔德 ·哈罗德游记》，第一、二章在 1812 年问世，轰动文坛，使拜伦一跃成为伦敦社交界的明星。

1816年，拜伦在日内瓦结识了另一个流亡的诗人雪莱，随后创作长诗《青铜世纪》。巨著《唐璜》是拜伦最重要的一组诗，半庄半谐、夹叙夹议，用现实主义的讽刺笔调批判英国上流社会。1824年因病逝世。希腊独立政府宣布为拜伦之死国葬，全国哀悼三天。

莱蒙托夫诗两首

[俄国]莱蒙托夫

致友人

我天生有颗火热的心，
向往欢乐、珍惜友情
生活欢畅的最佳路径
就是朋友们一起开怀畅饮，

我不贪恋虚荣和名声，
但我渴望高贵的爱情；
竖琴发出的激越颤音，
使我热血沸腾充满憧憬。

正当轻松愉悦，笑语喧宾，
痛苦和忧伤却闪进心灵；
在看似热烈的狂欢时刻，
总有沉甸甸的岁月阴影。

帆

蔚蓝的海面雾霭茫茫
有一片孤帆在闪耀白光……
它在寻求什么，
在这遥远的异地？
它又弃去什么，
在那可爱的故乡……

呼啸的海风翻卷着波浪
桅杆被压弯腰嘎吱地作响……
唉！它既不好好的为己谋利，
也并非漠视幸福漂向他方！

下面，是比蓝天还蓝的碧波，
上面，是金子般灿烂的阳光……
只有它惴惴不安，
期候着风暴，
仿佛风暴才是他的安宁之邦！

（方铁 译）

【选家诗话】

岁月静好，是一种幸福，但也有一种幸福是激情和拼搏，此诗形象地反映了1830年代俄国进步的贵族知识分子（类似今天所谓的“公知”），渴望封建专制社会变革转型的心境。高尔基著名的《海燕》，就是对同一主题的深化。

米哈伊尔·尤里耶维奇·莱蒙托夫，于1814年生于俄罗斯一个退休军官家里。3岁丧母，他的童年是在拥有大庄园的、出身名门望族的外祖母家度过的，他从小同情庄园农奴的悲惨境遇，14岁开始写诗，15岁考入莫斯科大学伦理政治系系。深受当时以赫尔岑为代表的民主思想熏陶，两度因冒犯了沙皇当局而被放逐到高加索。他的小说《当代英雄》和《假面舞会》是俄国文学的精品。他一生写了四百多首诗，是仅次于普希金的俄国伟大诗人。他登上俄国文坛，正值十二月党人起义遭到沙皇尼古拉一世无情镇压，自由受到空前窒息的黑暗时期。普希金惨遭杀害，他怀着悲愤交加的心情写了《诗人之死》，被高尔基评为“俄国诗歌中最有力的诗”，打破了至十二月党人失败以来持续最久的万马齐喑的局面。普希金遇害后四年半，莱蒙托夫也遭到了与他同样的命运：惨死于宫廷走卒暗中设置的决斗圈套，年仅27岁。

十二月十九夜

废名

深夜一支灯，
若高山流水，
有身外之海。
星之空是鸟林，
是花，是鱼，
是天上的梦，
海是夜的镜子。
思想是一个美人，
是家，
是日，
是月，
是灯，
是炉火，
炉火是墙上的树影，
是冬夜的声音。

【选家诗话】

废名，原名冯文炳，在文学史上被视为“京派文学”的鼻祖。1901 年生于湖北黄梅，13 岁考入黄梅初级师范学校。1917 年考入国立湖北第一师范学校，毕业后任小学教师，师从周作人。1922 年，考入北京大学，参加“浅草社”，1925 年出版第一本短篇小说集《竹林的故事》，1929 年任北京大学中国文学系讲师，后任教授，1952 年任吉林大学教授。1956 年任吉林省文联副主席，1967 年病逝于长春。晚年的废名甚是凄惨，极左路线横行，他不敢写任何东西，只好老老实实教书讲课。他的学生回忆道：“当时废名先生在学校讲课时，讲到某古诗时激动得用手敲黑板，喊‘这诗……写得好哇！’然后他的手不停地哆嗦，激动得难以言表。下面坐着几十个学生，有一些见老先生激动，也跟着一起激动，一起哆嗦，还有一些只是在想他们为什么哆嗦，剩下的那些觉得挺好玩，偷偷地笑了。此后，凡是跟着老先生一起哆嗦的，都成了当今的大学者，而废名早已在‘文革’中惨死。”

本诗体现了废名的风格，明明可归纳为深刻的主题，但作者不动声色，仅仅标明系某日某夜之思维感受，如同作者笔名之意：废除名字！废名的作品可与英国唯美主义作家王尔德媲美。他用客观、白描、冷静，甚至近乎冷酷的笔触吐露心声，揭露黑暗，内部却蕴含着岩浆似的炽热和悲愤。这种风格特别表现在他的短篇小说《桃园》中：

王老大只有一个女孩儿，一十三岁，病了差不多半个月了。王老大一向以种桃为业，住的地方就叫做桃园，桃园简直是王老大的另一个名字。在这小小的县城里，再没有别个种了这么多的桃子。

桃园孤单得很，唯一的邻家是县衙门，这也不能够叫桃园热闹，衙门口的那一座“照墙”，望去已经不显其堂皇了，一眨眼就要钻进地底里去似的，而照墙距“正堂”还有好几十步之遥。照墙外是杀场，自从离开十字街头以来，杀人在这上面。说不定王老大得了这么一大块地就因为与杀场接壤哩。这里，倘不是有人来栽树木，也只会让野草生长下去。

桃园的篱墙的一边又给城墙做了，但这时常惹得王老大发牢骚，城上的游人可以随手摘他的桃子吃。他的阿毛倒不大在乎，她还替城墙栽了一些牵牛花，花开的时候，许多女孩子跑来玩，兜了花回去。上城看得见红日头，——这是西山的落日，这里正是西城。阿毛每每因了这一个日头再看一看照墙上画的那天狗要吃的一个，也是红的。

当那春天，桃花遍树，阿毛高高的望着园里的爸爸道：

“爸爸，我们桃园两个日头。”

话这样说，小小的心儿实是满了一个红字。

你这日头，阿毛消瘦得多了，你一点也不减你的颜色！

秋深的黄昏。阿毛病了也坐在门槛上玩，望着爸爸取水。桃园里面有一口井。桃树，长大了的不算又栽了小桃，阿毛真是爱极了，爱得觉着自己是一个小姑娘，清早起来辫子也没有梳！桃树仿佛也知道了，阿毛姑娘今天一天不想端碗扒饭吃哩。爸爸担着水桶林子里穿来穿去，不是把背弓了一弓就要挨到树叶子。阿毛用了她的小手摸过这许多的树，不，这一棵一棵的树是阿毛一手抱大的！——是爸爸拿水浇得这么大吗？她记起城外山上满山的坟，她的妈妈也有一个，——妈妈的坟就在这园里不好吗？爸爸为什么同妈妈打架呢？有一回一箩桃子都踢翻了，阿毛一个一个的朝箩里拣！天狗真个把日头吃了怎么办呢？……

阿毛看见天上的半个月亮了。天狗的日头，吃不掉的，到了这个时分格外地照彻她的天，——这是说她的心儿。

秋天的天实在是高哩。这个地方太空旷吗？不，阿毛睁大了的眼睛叫月亮装满了，连爸爸已经走到了园的尽头她也没有去理会。月亮这么早就出来！有 的时候清早也有月亮！古旧的城墙同瓦一般黑，墙砖上青苔阴阴的绿，——这个也逗引阿毛。阿毛似乎看见自己的眼睛是亮晶晶的！

她不相信天是要黑下去，黑了岂不连苔也看不见？——她的桃园倘若是种橘子才好，苔还不如橘子的叶子是真绿！她曾经在一个人家的院子旁边走过，一棵大橘露到院子外，——橘树的浓荫俨然就遮映了阿毛了！但小姑娘的眼睛里立刻又是一园的桃叶。

阿毛如果道得出她的意思，这时她要说不称意罢。桃树已经不大经得起风，叶子吹落不少，无有精神。阿毛低声的说了一句："桃树你又不是害病哩。"她站在树下，抱着箩筐，看爸爸摘桃，林子外不像再有天，天就是桃，就是桃叶，是这个树吗？这个树，到明年又是那么茂盛吗？那时她可不要害病才好！桃花她不见得怎样的喜欢，风吹到井里去了她喜欢！她还丢了一块石头到井里去了哩，爸爸不晓得！（这就是说没有人晓得）

……

“阿毛，进去，到屋子里去，外面风很凉。”王老大走到了门口，低下眼睛看他的阿毛。阿毛这才看见爸爸脚上是穿草鞋，——爸爸走路不响。“爸爸，你还要上街去一趟不呢？”“今天太晚了，不去，——起来。”王老大歇了水桶伸手挽他的阿毛。“瓶子的酒我看见都喝完了。”

“喝完了我就不喝。”

爸爸实在是好，阿毛可要哭了！——当初为什么同妈妈打架呢？半夜三更还要上街去！家里喝了不算还要到酒馆里去喝！但妈妈明知道爸爸在外面没有回也不应该老早就把门关起来！妈妈现在也要可怜爸爸罢！

“阿毛，今天一天没有看见你吃点什么，老是喝茶，茶饱得了肚子吗？爸爸喝酒是喝得饱肚子的。”

“不要什么东西吃。”慢慢又一句：

“爸爸，我们来年也买一些橘子来栽一栽。”

“买一些橘子来栽一栽！你晓得你爸爸活得几年？等橘子结起橘子来爸爸进了棺材！”

王老大向他的阿毛这样说吗？问他他自己也不答应哩。但阿毛的橘子被连根拔掉了。阿毛只有一双瘦手。刚才，她的病色是橘子的颜色。

王老大这样的人，大概要喝了一肚子酒才不是醉汉。“这个死人的地方鬼也晓得骗人！张四说他今天下午来，到了这么时候影子也不看见他一个！”“张四叔还差我们钱吗？”阿毛轻声的说。“怎么说不差呢？差两吊。”

这时月亮才真个明起来，就在桃树之上，屋子里也铺了一地。王老大坐下板凳脱草鞋，阿毛伏在桌上睡哩。

“阿毛，到床上去睡。”“我睡不着。”“你想橘子吃吗？”“不。”

阿毛虽然说栽橘子，其实她不是想到橘子树上长橘，一棵橘树罢了。她还没有吃过橘子。“阿毛，你手也是热的哩！”阿毛——心里晓得爸爸摸她的脑壳又捏一捏手，枕着眼睛真在哭。

王老大一门闩把月光都闩出去了。闩了门再去点灯。

半个月亮，却也对着大地倾盆而注，王老大的三间草房，今年盖了新黄稻草，比桃叶还要洗得清冷。桃叶要说是浮在一个大池子里，篱墙以下都湮了，——叶子是刚湮过的！地面到这里很是低洼，王老大当初砌屋，就高高的砌在桃树之上了。但屋是低的。过去，都不属桃园。

杀场是露场，在秋夜里不能有什么另外的不同，“杀”字偏风一般的自然而然的向你的耳朵吹，打冷噤，有如是点点无数的鬼哭的凝和，巴不得月光一下照得它干！越照是越湿的，越湿也越照。你不会去记问草，虽则湿的就是白天里极目而绿的草，你只再看一看黄草屋！分明的蜿蜒着，是路，路仿佛说它在等行人。王老大走得最多，月亮底下归他的家，是惯事，不要怕他一脚踏到草里去，草露湿不了他的脚，正如他的酒红的脖子算不上月下的景致。

城垛子，一直排；立刻可以伸起来，故意缩着那么矮，而又使劲的白，是衙门的墙；簇簇的瓦，成了乌云，黑不了青天……

这上面为什么也有一个茅屋呢？行人终于这样免不了出惊。茅屋大概不该有。其实，就王老大说，世上只有三间草房，他同他的阿毛睡在里面，他也着实难过，那是因为阿毛睡不着了。衙门更锣响。“爸爸，这是打更吗？”“是。”爸爸是信口答着。这个令阿毛爽快：深夜响锣。她懂得打更，很少听见过打更。她又紧紧的把眼闭住——她怕了。这怕，路上的一块小石头恐怕也有关系。声音是慢慢的度来，度过一切，到这里，是这个怕。

接着是静默。“我要喝茶。”阿毛说。灯是早已吹熄了的，但不黑，王老大翻起来摸茶壶。“阿毛，今天十二，明天，后天，十五我引你上庙去烧香，去问一问菩萨。”“是的。”阿毛想起一个尼姑，什么庙的尼姑她不知道，记得面孔，尼姑就走进了她的桃园！

那正是桃园茂盛时候的事，阿毛一个人站在篱墙门口，一个尼姑歇了化施来的东西坐在路旁草上，望阿毛笑，叫阿毛叫小姑娘。尼姑的脸上尽是汗哩。阿毛开言道：

“师父你吃桃子吗？”“小姑娘你把桃子我吃吗？阿弥陀佛！”

阿毛回身家去，捧出了三个红桃。阿毛只可惜自己上不了树到树上去摘！现在这个尼姑走进了她的桃园，她的茂盛的桃园。阿毛张一张眼睛——张了眼是落了幕。阿毛心里空空的，什么也没有想，只晓得她是病。“阿毛，不说话一睡就睡着了。”

王老大就闭了眼睛去睡。但还要一句——“要什么东西吃明天我上街去买。”

“桃子好吃。”

阿毛并不是说话说给爸爸听，但这是一声霹雳，爸爸的眼睛简直呆住了，突然一张，——上是屋顶。如果不是夜里，夜里睡在床上，阿毛要害怕她说了一句什么叫爸爸这样！

桃子——王老大为得桃子同人吵过架，成千成万的桃子逃不了他的巴掌，他一口也嚼得一个，但今天才听见这两个字！

“现在那里有桃子卖呢？”一听声音话是没有说完。慢慢却是——

“不要说话，一睡就睡着了。”睡不着的是王老大。窗孔里射进来月光。王老大不知怎的又是不平！

月光居然会移动，他的酒瓶放在一角，居然会亮了起来！王老大怒目而视。

阿毛说过，酒都喝完了。瓶子比白天还来得大。王老大恨不得翻起来一脚踢破了它！世界就只是这一个瓶子踢破了什么也完了似的！王老大挟了酒瓶走在街上。“十五，明天就是十五，我要引我的阿毛上庙去烧香。”低头丧气的这么说。自然，王老大是上街来打酒的。

“桃子好吃，”阿毛的这句话突然在他的心头闪起来了，不，王老大是站住了，街旁歇着一挑桃子，鲜红夺目得厉害。

“你这是桃子吗！？”王老大横了眼睛走上前问。

“桃子拿玻璃瓶子来换。”

王老大又是一句：

“你这是桃子吗！？”同时对桃子半鞠了躬，要伸手下去。桃子的主人不是城里人，看了王老大的样子一手捏得桃子破，也伸下手来保护桃子，拦住王老大的手——“拿瓶子来换。”“拿钱买不行吗？”王老大抬了眼睛，问。但他已经听得背后有人嚷——“就拿这一个瓶子换。”一看是张四，张四笑嘻嘻的捏了王老大的酒瓶，——他从王老大的胁下抽出瓶子来。王老大欢喜极了：张四来了，帮同他骗一骗这个生人！他的酒瓶那里还有用处呢？“喂，就拿这一个瓶子换。”“真要换，一个瓶子也不够。”

张四早已瞧见了王老大的手心里有十好几个铜子，道：“王老大，你找他几个铜子。”王老大耳朵听，嘴里说，简直是在自己桃园卖桃子的时候一般模样。“我把我的铜子都找给你行吗？”“好好，我就给你换。”换桃子的收下了王老大的瓶子，王老大的铜子张四笑嘻嘻的接到手上一溜烟跑了。

王老大捧了桃子——他居然晓得朝回头的路上走！桃子一连三个，每一个一大片绿叶，王老大真是不敢抬头了。

“王老大，你这桃子好！”路上的人问。王老大只是笑，——他还同谁去讲话呢？围

拢来四五个孩子，王老大道：

“我替我阿毛买来的。我阿毛病了要桃子。”“这桃子又吃不得哩。”是的，这桃子吃不得，王老大似乎也知道！但他又低头看桃子一看，想叫桃子吃得！王老大的欢喜确乎走脱不少，然而还是笑“我拿给我阿毛看一看……”

乒乓！“哈哈哈，桃子玻璃做的！”“哈哈哈，玻璃做的桃子！”

孩子们并不都是笑，——桃子是一个孩子撞跌了的，他，他的小小的心儿没有声响的碎了，同王老大双眼对双眼。

金诗一百首

刻苦读书　锻炼成长

——腹有诗书气自华，
梅花香自苦寒来。
勤学苦练，别有洞天，
锐意进取，厚积薄发。

劝学

[唐代] 孟郊

击石乃有火，
不击元无烟。
人学始知道，
不学非自然。
万事须己运，
他得非我贤。
青春须早为，
岂能长少年。

【选家诗话】

作者孟郊，唐代著名诗人，浙江德清县人，现存诗歌五百多首，以短篇的五言古诗最多，代表作有《游子吟》。有“诗囚”之称，又与贾岛齐名，人称“郊寒岛瘦”。

冠冕

[英国] 牛顿

世俗的冠冕啊，
我鄙视它如同脚下的尘土，
它是沉重的，
最好的结局也不过是一场空；
而现在我愉快地迎接，
一项荆棘的冠冕，
尽管刺得人疼痛，
内心却觉得甜美；
我更看见那光荣的桂冠，
在我面前呈现，
它充满幸福，
永恒无边。

（方铁 译）

【选家诗话】

本诗是牛顿少年时代所写，展现了自己远大

的抱负。作者艾萨克 ·牛顿，英国皇家学会会长。1643 年生于英格兰林肯郡乡下小庄园。1654 年牛顿考入金格斯皇家中学，1661 考入剑桥大学。1687 年发表论文《自然定律》，成为现代工程学的基础。他是百科全书式的全才："力学上，提出牛顿运动定律；光学上，他发明了反射望远镜，系统地表述了冷却定律，数学上，写了《流数术和无穷级数》，为微积分学的创建奠定基础；经济学上，牛顿提出金本位制度。1689 年当选为国会议员，1705 年被封为爵士，1727 年逝世，英国诗人亚历山大 ·波普给牛顿写下墓志铭：

自然界和自然规律
隐藏在黑暗中，
上帝说：
让牛顿出生吧！
于是，一切都变得光明。

亚历山大 ·波普，是 18 世纪英国最伟大的诗人。从小在家中自学拉丁文、希腊文、法文和意大利文的大量作品。幼年时患有结核性脊椎炎，身高 1.37 米，他从 12 岁开始发表诗作，1714 年发表代表作讽刺长诗《鬈发遇劫记》。1744 年逝世，其诗歌写得工整、精练、富有哲理性，如"只有少量知识是危险的" "希望永远在人们心中跳动"等名句。

论诗

[金代] 王若虚

东涂西抹斗新妍，
时世梳妆亦可怜。
人物世衰如鼠尾，
后生未可议前贤。

【选家诗话】

作者王若虚，金代文学家。金代即金国（1115—1234），由东北黑龙江女真族创建，人口包括众多汉族，疆域包括东北三省大部分和河北等，其勃兴于宋朝的末期，岳飞即为宋朝抗击金军侵略之名将。1234年金朝在蒙古军和宋军的夹击下灭亡。不久，宋朝也亡于蒙古军，元朝取代宋朝。

诗之灵魂在真善美，首要是“真”；虚伪和粉饰乃诗之大弊。

为了标新立异而东扯西拉，粉饰太平，掩盖

现实是没有骨气的可怜虫。每个时代都有自己登峰造极的文艺体裁和作家，每个时代的作品也都有自己的不足和局限，其更迭废兴，我们今天都不可以脱离当时的条件评论前人。《增广贤文》云：古人不见今时月，今月曾经照古人。王若虚的朋友金代文学家元好问，也写过一首七绝论诗：

奇外无奇更出奇，
一波才动万波随。
只知诗到苏黄尽，
沧海横流却是谁？

“若虚”是个很美的词，颇有仙风道骨意味。唐朝也有个张若虚，虽仅有一首诗广为流传，但因富有哲理感悟，饱含人生韵味，使人不能不心弦颤动，久久共鸣。这就是脍炙人口“以孤篇压倒全唐”的《春江花月夜》：

春江潮水连海平，海上明月共潮生。
滟滟随波千万里，何处春江无月明！
江流宛转绕芳甸，月照花林皆似霰；
空里流霜不觉飞，汀上白沙看不见。
江天一色无纤尘，皎皎空中孤月轮。
江畔何人初见月？江月何年初照人？
人生代代无穷已，江月年年只相似。
不知江月待何人，但见长江送流水。
……

书院

[宋代] 刘过

力学如力耕，
勤惰尔自知。
但使书种多，
会有岁稔时。

【选家诗话】

作者刘过，南宋文学家，江西泰和县人，终身未官。曾为陆游、辛弃疾所赏，亦与陈亮、岳珂友善。与刘克庄、刘辰翁享有“辛派三刘”之誉，又与诗人刘仙伦合称为“庐陵二布衣”。有《龙洲集》《龙洲词》。

人才论①

华罗庚

埋头苦干是第一，
发白才知智叟呆。
勤能补拙是良训，
一分辛苦一分才。

①原标题为《给青少年的一封信》。

【选家诗话】

此诗系华罗庚写给青少年的一封回信，用诗表达了自己的人才观。

作者华罗庚是世界著名数学家，中国科学院院士，美国国家科学院外籍院士。1910年生于江苏金坛市，幼时爱动脑筋，因思考问题过于专心常被同伴们戏称为“罗呆子”。1922年，进入金坛县立初中，1925考入上海中华职业学校，因家境贫寒退学，此后，他用5年时间自学高中和大学的课程。1930年，发表论文，轰动数学界。1936年被保送至剑桥大学学习，1937年担任清华大学教授。

嘲少年[①]（节选）

[唐代] 李贺

生来不读半行书，只把黄金买身贵。
少年安得长少年？海波尚变为桑田。
荣枯递转急如箭，天公岂肯于公偏。
莫道韶华镇长在，发白面皱专相待。

①原标题为《嘲少年》。

【选家诗话】

此诗系李贺 18 岁时所作，他的诗歌被译为多国文字，系世界级诗人，在文学史上与李白、李商隐并称唐诗“三李”。此诗嘲讽一些贵族纨绔子弟，整日里金鞍肥马，花天酒地，绫罗香衫，招摇过市。规劝他们“少年安得长少年，海波尚且变桑田。”岁月陡转，光阴紧迫，发白面皱也并非很遥远，年少应当有所学有所为。免得“老大徒伤悲”。

李贺的诗想象丰富奇特，意境诡异华丽。最

著名的有：

李凭箜篌引

吴丝蜀桐张高秋，空山凝云颓不流。
江娥啼竹素女愁，李凭中国弹箜篌。
昆山玉碎凤凰叫，芙蓉泣露香兰笑。
十二门前融冷光，二十三丝动紫皇。
女娲炼石补天处，石破天惊逗秋雨。
梦入神山教神妪，老鱼跳波瘦蛟舞。
吴质不眠倚桂树，露脚斜飞湿寒兔。

大意为：深秋夜晚，弹奏吴丝蜀桐制成精美的箜篌。听到美妙的乐声，天空的白云凝聚起来不再飘游。湘娥把泪珠洒满斑竹，九天素女也牵动满腔忧愁。出现这种情况，是由于乐工李凭在京城弹奏箜篌。乐声清脆动听得就像昆仑山美玉击碎，凤凰鸣叫；时而使芙蓉在露水中饮泣，时而使香兰开怀欢笑。清脆的乐声，融和了长安城十二门前的清冷光气。二十三根弦丝高弹轻拨，打动了高高在上的天帝。高亢的乐声直冲云霄，冲上女娲炼石补过的天际。好似补天的五彩石被击破，逗落了漫天绵绵秋雨。幻觉中仿佛乐工进入了神山，把技艺向女仙传授；老鱼兴奋得在波中跳跃，瘦蛟也翩翩起舞乐悠悠。月宫中吴刚被乐声吸引，彻夜不眠地在桂树下逗留。桂树下的兔子也伫立聆听，不顾露珠斜飞寒飕飕！

勤劳诗

[明代] 冯梦龙

富贵本无根，
尽从勤里得。
请观懒惰者，
面带饥寒色。

【选家诗话】

作者冯梦龙是明代文学家，戏曲家。江苏苏州人，出身士大夫家庭。其著作有《喻世明言》（又名《古今小说》）《警世通言》《醒世恒言》，合称“三言”。三言与明代凌濛初的《初刻拍案惊奇》《二刻拍案惊奇》合称“三言两拍”，是中国白话短篇小说的经典代表。冯梦龙少年时以刻苦读书、珍惜时光而闻名，他最喜欢的一首诗是：

古人惜光阴，贵于惜黄金。
光阴金难买，黄金失可寻。
大禹惜寸阴，陶侃惜分阴。
吾辈方少年，更应惜秒阴。

午睡诗①

[北宋]蔡确

纸屏石枕竹方床，
手倦抛书午梦长。
睡起莞然成独笑，
数声渔笛在沧浪。

①原标题为《夏日登车盖亭》。

【选家诗话】

作者蔡确（1037—1093），泉州郡城人，北宋大臣，哲宗朝宰相，王安石变法的主要支持者之一。午睡俗语叫“梦见周公”，夏日来临，日长夜短，午睡成了人们克服昏昏然困乏现象的养生妙方，亦是提高工作效率的有益举措，是一种养精蓄锐的怡情享受。

据说一位性情爽直的大学校长有午睡习惯，曾作诗贴于卧室门上以示访客。此诗语意风趣：

有客敲门不起身，食饱须眠三十分。
莫怪老师无礼貌，先见周公后见人。

撑杆跳

[宋代] 杨万里

猛士缘竿亦壮哉，
蹈空舞阔四徘徊。
一声白雨催花鼓，
十二竿头总下来。

【选家诗话】

作者杨万里，江西吉水县人。南宋著名爱国诗人，文学家，与陆游、尤袤、范成大并称“南宋四大家”“中兴四大诗人”。其诗语言浅近明白，清新自然，富有幽默情趣，被称为“诚斋体”。

捉迷藏

[唐代] 元稹

寒轻夜浅绕回廊，
不辨花丛暗辨香。
忆得双文胧月下，
小楼前后捉迷藏。

【选家诗话】

元稹，唐朝著名诗人，河南洛阳人。元稹与白居易为终生诗友，二人共同倡导新乐府运动，世称“元白”。其千古佳句有“曾经沧海难为水，除却巫山不是云”。元稹其诗辞浅意简，极为扣人心扉，留有《元氏长庆集》。

体育颂（节选）

[法国] 顾拜旦

啊，体育，
你就是正义！
你体现了社会生活中
追不到的公平合理。
不管你是谁
不管你来自哪里
人们只认你的成绩：
速度一分一秒
高度一分一厘
要想取得成功，
惟有尽心尽力！

（方铁 译）

【选家诗话】

皮埃尔 ·德·顾拜旦，法国著名教育家、现代奥林匹克运动的发起人，被国际上誉为“奥林匹克之父”。1863 年生于法国贵族家庭，1896 年至 1925 年，任国际奥林匹克委员会主席，并设计奥运会会徽、奥运会会旗，1937 年在瑞士日内瓦逝世。

象棋观弈

[宋代]陈允平

阵势频分合，
机锋互应酬。
马飞关塞月，
炮落汉天秋。
不问知心友，
翻成敌面仇。
谁能劳胜负，
独立大江流。

【选家诗话】

陈允平，号西麓，南宋末年、元朝初年词人。师从南宋哲学家杨简，著有诗集《西麓诗稿》。

题赠《中学生》

董必武

逆水行舟用力撑，
一篙松劲退千寻。
古云此日足可惜，
吾辈更应惜秒阴。

【选家诗话】

“吾辈更应惜秒阴”化用了“陶侃惜分阴”的典故。董必武 1886 年生于湖北红安，原名董贤琮，1903 年考取秀才。1905 年考入湖北、武汉地区第一所公立中等学校清末湖广总督张之洞创办的湖北“文普通”学堂（武汉十四中前身）。1910 年毕业获清朝学部授予的拔贡学衔后，回黄州公立小学任教。1911 年参加辛亥革命，加入以孙中山为总理的中国同盟会，1914 年考入东京私立日本大学法律系，加入孙中山创建的中华革命党，决心走武装斗争的道路，故改名董用威。

1915 年 6 月回国从事反袁世凯复辟帝制，两次被捕。出狱后再赴日本。1919 年在上海参加了五四运动，回武汉创办武汉中学（位于武昌粮道街，现仍为武汉中学）。1920 年秋与陈潭秋共同在武汉建立共产主义小组。1921 年 7 月代表武汉在上海出席中国共产党第一次全国代表大会，1926 年，第一次国共合作时领导筹建了国民党湖北省党部，任国民党中央候补委员。1928 年赴莫斯科中山大学、列宁学院学习，深切认识武装斗争重要性，又改名为董必武。1936 年参加长征到陕北后，任中共中央党校校长，陕甘宁边区政府代理主席。1945 年代表解放区参加旧金山联合国制宪会议。他还和叶剑英协助周恩来主持南方局和中共地下党情报战线，劳苦功高。新中国建立后曾任最高人民法院院长，政务院副总理，中华人民共和国代主席，中共中央政治局常委。1975 年逝世，终年 90 岁。著有《董必武政治法律文集》《董必武诗选》等。董必武非常重视中学教育，著名教育家陶行知逝世，他闻讯写下《哭陶行知先生》的五律一首，感人肺腑：

敬爱陶夫子，当今一圣人。

方圆中规矩，教育愈陶钧。

栋折吾将压，山颓道未伸。

此生安仰止，无复可归仁。

何达

快乐的思想

做每一件事情，
都给它一个
快乐的思想
就像把一盏盏灯
点亮
砍柴的时候
想着的是
火的诞生
锄草的时候
想着的是
丰收在望
与你同行
想着我们有共同的理想
跟你分手
想着会师时候的狂欢

【选家诗话】

人总是按照美好的理想去构建生活的，理想固然不能脱离现实，现实也不能脱离理想。基于现实的理想是结实的，乐观的；而在乐观进取中展开的现实才是真正美丽的。

作者何达，原名何孝达，1942 年在西南联大学习。曾创办新诗社，主编文学期刊《伴侣》和《诗页》，著有诗集《洛美十友诗集》《何达诗集》等。第一本诗集《我们开会》由朱自清亲自选编并为其作序，朱称他的诗为“新诗中的新诗”。他的诗歌强调接近人民，表现人民，以诗为武器和社会旧势力抗争。

陶行知

陶行知诗两首

纪念牛顿和伽利略

中国要牛顿，也要伽利略，
他们已经死，不能再复活，
除非赶上去，跟着他们学。
学牛顿深思，学加翁实做，
播下科学种，结成智慧果！
吃了变牛顿，又变伽利略，
从此两大贤，化身千万个，
光明普照处，精神永远活。

自勉并勉同志

人生天地间，各自有秉赋。
为一大事来，做一大事去。
多少白发翁，蹉跎悔歧路。
寄语少年人，莫将少年误。

【选家诗话】

同志，志同道合者。

作者陶行知，祖籍浙江绍兴，1908 年考入杭州广济医学堂。1909 年，考入南京汇文书院，1914 年，他以总分第一名的成绩毕业。后赴美哥伦比亚大学，师从杜威等美国教育家。1917 年回国，先后任南京高等师范学校、国立东南大学教务主任等职。1923 年与晏阳初等人发起成立中华平民教育促进会总会，推动平民教育运动。1934 年发表《行知行》一文，认为“行是知之始，知是行之成”，并改本名为陶行知。1945 年，陶行知加入中国民主同盟会，1946 年 1 月，陶行知在重庆创办社会大学，其提出了“生活即教育”“社会即学校”“教学做合一”等著名口号，被毛泽东和宋庆龄等称为“伟大的人民教育家”和“万世师表”。1946 年因长期劳累过度突发脑溢血不幸逝世。践行了自己倡导的教师人格：捧着一颗心来，不带一棵草去。

山区行路有感[①]

[宋代] 杨万里

莫言下岭便无难，
赚得行人错喜欢。
正入万山圈子里，
一山放出一山拦。

①原标题为《过松源晨炊漆公店》。

【选家诗话】

诗的前半部分是议论，后半部分是描摹，通过山区行路感受说明一个道理：人们无论做什么，对前进道路上的困难都要有充分的准备和估计，不要被一时一事的成功所迷醉。

杨万里，江西省吉水县人。南宋著名爱国诗人，文学家，与陆游、尤袤、范成大并称“南宋四大家”“中兴四大诗人”，被誉为一代诗宗。杨万里的诗歌语言浅近明白，清新自然，富有幽默情趣，被称为“诚斋体”。

西江月·嘲讽贾宝玉①

［清代］曹雪芹

无故寻愁觅恨，
有时似傻如狂。
纵然生得好皮囊，
腹内原来草莽。
潦倒不通庶务，
愚顽怕读文章。
行为偏僻性乖张，
那管世人诽谤。

①标题为编者所加。

【选家诗话】

西江月，词牌名，古人依此填词配曲，以供歌唱。贾宝玉，《红楼梦》的主人公。出身富贵，长相漂亮，天生聪颖，不爱读书，厮混时光。曹雪芹是《红楼梦》的作者，该书被认为是中国古典文学成就最高的作品。已被众多学问家促成专门学科，通称“红学”。

没有一条船能像一本书

[美国]狄金森

没有一条船能像一本书，
使人见多识广更行更远，
也没有任何骏马，
抵得上欢腾的诗篇。

读书是轻松的旅游
无需费力无需金钱
运载人类心灵的马车，
从来就是物美价廉！

（方铁 译）

【选家诗话】

在诗人眼里，书可以把人带向远方，一本书能使我们胸怀宽广，情致高远。所以，热爱书籍吧，热爱知识吧！

作者艾米莉 ·狄金森，美国传奇女诗人，1830 年出生于美国的律师家庭。小学中学大学均读于教会学校，一生写诗 1700 余首，生前只发表过七首，其余的去世后才出版，并受到推崇。其诗风凝练婉约、描绘真切精微，思想深沉，极富独创性。她被视为 20 世纪现代主义诗歌的先驱之一。

七律·答友人

陈明远

问君何日喜重逢，
笑指沙场火正熊。
庭院岂生千里马，
花盆难养万年松。
志存胸内跃红日，
乐在天涯战恶风。
似水柔情何足道，
堂堂铁打是英雄。

【选家诗话】

陈明远1941年生于重庆，自幼爱好古典诗词，1963年毕业于上海科技大学，后在中科院电子研究所任助理研究员。1966年10月，文革爆发，全国掀起“毛泽东诗词热”。一天，陈明远从一本《未发表的毛泽东诗词》油印本中骇然发现，自己所作的十九首诗词，竟被列入其中。他还听到几位红卫兵富有激情地念诵：

积云忽作闷雷声，雨弹光刀欲煞人。

岂向瑶台追幻梦，还从烈火识真金。

几枝玉叶化灰蝶，再度铁梅成赤心，

稳似泰山同携手，陶然一笑友情深。

并称这是毛主席咏雷电的诗。陈惊骇不已，连忙于 1966 年 12 月 21 日贴出了一份《重要声明》：

近来各处流传、翻印的《未发表的毛主席诗词》中，有很多首并不是毛主席本人写的，而是我前几年的习作，请大家不要误会。

陈明远同时给当时国务院总理周恩来写信，说明事实真相，请周把此信转呈毛泽东。后来有人评论，陈诗之所以被误传为毛诗，乃因两者的气势和风格颇为近似。陈明远中学时期即向大诗人郭沫若请教，和他成为诗友。虽然年龄、经历与毛泽东相差悬殊，但自身文采非凡，诗风雄浑，基调昂扬，极像毛诗的气势。然而，高才却招来大难，1967 年陈明远因“冒写毛泽东诗词”被捕，关进监狱 12 年。直到 1978 年 8 月，才被平反释放。直到现在陈明远的两首律诗仍广为流传：

五律·春夜渡海

平生爱大海，
披月乘风雷。
脚踩惊涛涌，
心追鸿雁回。
千番战水怪，
一笑见灯台。
挥手迎朝日，
火球花盛开。

七律·跨东海

烟笼大海入氤氲，
赤羽飞传时可闻。
暮色重重已合璧，
雁声阵阵不离群。
千钧霹雳开新宇，
万里东风扫剩云。
贯日长虹应起舞，
笑看人字出乾坤。

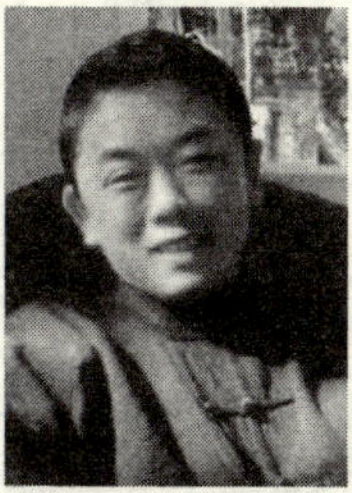

辛卯送别羽牧诸生留学[①]

刘继成

秋风秋雨是乡音，
江北江南两泪襟。
有事唤醒游子梦，
家邦定不负归心。

①此诗系作者写给儿子刘羽牧暨诸生赴美留学的送行诗。刘羽牧 2010 年毕业于深圳中学，经由“校长推荐计划”项目，入读香港大学精算专业，后赴美留学。

【选家诗话】

“秋风秋雨”“江北江南”出自下面两首诗:

寓居吴兴

曾几

相对真成泣楚囚，遂无末策到神州。
但知绕树如飞鹊，不解营巢似拙鸠。

江北江南犹断绝，秋风秋雨敢淹留。
低回又作荆州梦，落日孤云始欲愁。

怀董二

陆瀫恩

秋雨秋风夜，江南江北天。
故人千里外，清梦十年前。
壮志应难减，浮名终自牵。
儒冠休道误，愿著祖生鞭。

有事：国有事，国有不时之需。

家邦：家与国，代指国家。宋朝苏辙文章称：“吾不出帷幄临御家邦，实赖股肱之良。”

刘继成，1963年生于湖北天门，1981—1988年就读于武汉大学并获理学硕士，毕业后从事过大学教师、报纸杂志编辑记者、企业主职业。长于古典诗词，其在深圳中学2010届毕业生成人礼上的演讲稿，风行一时，甚至有网友乃呼吁入选中学教材。

青春辜负不起

——深圳中学2010届毕业生成人礼上的演讲

校长先生、各位老师、各位家长：

凤凰花，又盛开；

十八岁，踏歌来。

我们荣幸地在这里共同见证一种神圣，见证一群公民、一个年龄，经由宪法特别背书的神圣！

今天的主角理所当然是各位同学。

同学们好！

首先，请允许我代表老师和家长，衷心祝贺你们成年！

你们是深圳特区最优秀的儿女，你们是共和国最年轻的成人。我很骄傲，我的孩子也坐在你们中间。

此刻，我想对今天的主角说：在这个高考的季节，在这个生命的新起点，你们走出未成年人保护区的大门，走向自主、独立的新天地，更走到了诸多社会责任与义务的面前。法理上，家长的使命就此终结，从今往后，你们不再是宝贝孩子，不再是被监护人。你们是破茧而出的蝶；你们是展翅高飞的鹰，你们就是你们自己！

机会难得，我还有两个问题，想与你们讨论，不知道算不算好问题。第一个问题：十八岁是用来做什么的？这是你们的练习题。不说数学王子高斯，不说两弹元勋钱学森，不说诺贝尔、周恩来的老故事。

“坏小子”韩寒高一退学，上央视《对话》节目的时候，四面楚歌，但他没有续写“伤仲永”。千山独行，十年后，在文学、音乐、时尚、职业赛车方面表现不俗，正在成长为中国有影响力的公共知识分子。也是 80 后的郭敬明同学，个头 1.55 米，为了释放高考压力才去创作小说《幻城》，他永不言弃，以最年轻的身份，挤进了《福布斯》杂志中文版推出的名人榜。

谁说他们命好？他们走运？真会开玩笑！

梦想才有奇迹，耕耘才会收获。你们看清楚了，十八岁是可以奋力一跃的跳板。“王侯将相，宁有种乎？”自己要做自己命运的推手！

布什在耶鲁大学毕业典礼上讲：对于那些全优表现的同学，我要说，你们太棒了！对于那些丙等生，我要说，你们将来也可以当美国总统！布什是丙等生毕业，但他的选票是天上掉下来的吗？不是，是他和他的团队用金钱、智慧和汗水，一张一张打造出来的！

鲁迅先生曾经殷殷寄语青年：“你们所多的是生力，遇见森林可以劈成平地的，遇见旷野可以栽种树木的，遇见沙漠可以开掘井泉的。”我们不比你们笨，但我们背负的东西太多了，走不快。火炬已经传到了你们手中！没有任何包袱，面对无限发展的可能，正在燃烧激情，积蓄能量，加速向前，你们迟早要超越我们，迟超越不如早超越。我们尊重自然生存法则和社会进步规律，心甘情愿为你们喝彩！

子曰：文质彬彬然后君子。我跟你们一样爱着深中。深中致力于培养个性鲜明、自信负责、亲近自然、服务人群、关爱社会的杰出公民，这样的校训充满真知灼见，闪耀着理想主义的光芒。我期待从深中走出的你们，正派而专业。正派就要云水襟怀，志存高远，风雨锤炼，不改本色。专业就要学而不厌，训练有素，博大精深，与时俱进。偶尔心高气傲，不可一世，少年轻狂几下，也不算大错，但你得有资本。把自己武装得强大起来，你们才能立于不败，赢得尊严和荣誉。

我想说的第二个问题：八十岁是用来做什么的？

这是你们的思考题。

我敢肯定，你们未来的路上，不只是鲜花与掌声，也会有荆棘与挫折。所以，钢铁一般的意志和滴水穿石的耐心是必须的。

以前讲活到老，就要学到老，现在这话过时了，学到老才能活到老。我们所受的教育无外乎家庭教育、学校教育、社会教育。唯一贯穿其间的是自我教育。可以说，一个人最终境界的高低、成就的大小，与他的自我学习能力高度成正相关。

自我学习是一生的大事。读书、保持良好的阅读品质和阅读量，吸收间接经验，节省直接实践的时间、精力，如同借用外脑或大容量的存储介质。读书，就是叩开一扇扇大门，使你们可以不受时空限制地拜会、求教名师高人。读书，不一定有所作为，但不读书，一定无所作为。也就是说，自我学习是有所作为的必要而非充分条件。

你们都打过保龄球。保龄球有独特的倍增积分规则。同样投出一个球，全中可得 3 倍的高分，补中可得两倍的好分，若两次投球后留下残瓶，就只能得到实际分。所以，一局每轮全中，大满贯，最高总分 300 分；一局即使每轮补中，最多才 181 分；如果每轮 9 分，总分就只 90 分。社会生活也是这样：只要你每次比别人稍微优秀一点点，你就有可能赢得更多的机会，一次次小小机会的叠加最终造成了人与人之间怵目惊心的落差，量变的积累是质变。

初看起来保龄球比赛对抗性不强，重要的是挑战自我。除了比技术外，更多的是比心态。打一个全中得意忘形，说不定马上就会有一个巨大的失误。实际上，保龄球极其残酷的竞争隐藏在背后。只要比赛没结束，落后者就有机会翻盘。这个过程真像人生啊！

沉住气！打好每一个球，持之以恒，坚韧不拔，才能力争上游，笑到八十岁，笑到最后！

我的总结：十八岁是用来拼搏与尝试的，

八十岁是用来享受与回忆的。从十八岁到八十岁以至更长，用心血去创造，用成功去证明，我愿你们过得丰富充实、满足坦然。

成年也罢，高考也罢，不过是人生交响曲的一串串音符。从终极意义上说：目的微不足道，成长就是一切。你们每个人都有独特的天赋，应该善加利用。你们不一定最强壮，但你们一定要健康；你们不一定最悠闲，但你们一定要快乐；你们不一定最聪明，但你们一定要进步！你们一定要好好的！

今日之责任，不在他人，而全在我少年。少年强则中国强，少年进步则中国进步。我佩服梁任公的睿智。你们的成长，无疑得益于这个伟大国度的繁荣富强。虽然，力量正向东方转移，中国已然成为全球社会经济发展中最具活力与潜质的所在，但她的起点实在太低了，轮到你们回报她的时候，你们一定要以天下为己任，挺身而出，做到最好！

我们真心爱你们！我们对你们的要求，总是很高，你们别抱怨。我们还需要你们放眼世界，具有《2012》《阿凡达》中英雄式的现实的人文关怀。我坚信，你们做得到，你们会比我们做得好！

青春真好！比锦衣玉食、豪宅香车好 N 的 N 次方。你们懂的，所以，别挑剔我没有事先给出 N 的边界约束。

青春真好！青春哪敢用来腐蚀挥霍，青春

谁都辜负不起！

谢谢老师对孩子的栽培；

谢谢家长对孩子的养育；

最后，也是最重要的，

我要谢谢孩子们的努力与奋斗，

谢谢你们带给我们未来与希望！